宗教と終末論

川中　仁　編

LITHON

まえがき

上智大学キリスト教文化研究所主催で毎年秋に開催されている聖書講座は、キリスト教諸派の先生方を超党派で講師にお招きするエキュメニカルな聖書の学びの場です。二〇二三年度の聖書講座では、「宗教と終末論」という総合テーマのもと、新約聖書学の立場から東京大学名誉教授の大貫隆先生、組織神学の立場から東京大学大学院等他講師の福嶋揚先生、旧約聖書学の立場から東京女子大学の遠藤勝信先生にご講演いただきました。本書はこの三人の先生方のご講演をまとめた講演集です。

大貫先生には、「神の国はあなたがたの〈内面に〉―ルカ福音書一七章21節の〈ἐντός〉と禿鷹の言葉（ルカ一七・37）」という題目でご講演いただきました。大貫先生は、ルカ一七章21節の ἐντός に関する（1）「あなたがたの内面に」（2）「あなたがたの間に」（3）

「あなたがたの手が届く範囲に」という先行研究の三つの解釈を紹介されたうえで、史的イエス研究に基づく史的イエスへの「問い返し」による様々な解釈の可能性を認容しつつ、あくまでもルカの編集レベルで浮かび上がる解釈とは何かを詳細に論じられます。その際、ルカ福音書と使徒言行録の二部作全体に読み取られる「世界史の神学」を背景にしつつ、ルカ福音書一七章20―37節の編集意図に即して、ルカ福音書一七章21節の「エントス」は「内面に」と訳すべきであるとされます。こうして、「人の子」の再臨が宇宙論的な出来事（一七24、37参照）であるということと併せて、「神の国」が外的世界の中の特定の場所に限定されるものではないということを示されます。

福嶋先生には、「破局の中の希望―よみがえる終末論」という題目でご講演いただきました。福嶋先生は、現代世界は、資本と国家という二つのシステムの絡み合い（軍産複合体）―聖書的比喩では「リヴァイアサン」（ヨブ四〇―四一参照）と「マモン」（マタイ六24参照）―によってもたらされた、生態系破壊、貧困、世界戦争という多重危機に直面しているとされたうえで、このような「破局」に直面している現代世界がいかにして生きのびることができるのかについて論じられます。その際、聖書的な「破局のなかの希望」（シラ七36参照）に遡る希望の思想である終末論の意義は、現在の「破局」が「終末」ではないことを示すことにあるとし、「破局（カタストロフィ）」は決して「終末（エスカトン）」ではないということを強調されます。同時に、世界史的構造でもキリスト教の枠をも越えた「剣を鋤に打ち直す」（イザ二4参照）ことによる既存のシステムの変革によって、「破局のなかの希望」、すなわち破局による絶望を通り抜けた希望が見えてくるとされます。

遠藤先生には、「創造と終末―創造物語解釈の伝統とヨハネ黙示録の終末論」という題目でご講演いただきました。遠藤先生は、ヘブライ語聖書の創世記一章の創造物語、第二神殿期ユダヤ教黙示文学、ヨハネの黙示録のテクストを丁寧に読み解きながら、創造論と終末論の接近と創造の神が終末の神であるということを示されます。その際、ヘブライ語聖書の創造物語解釈の伝統が、第二神殿期ユダヤ教文書においては天地創造の「再話」と「叙述的解説」をとおして重要な概念的基盤となっていること、またヨハネの黙示録においては、終末論的記述が創造論を背景にしていることに着目しつつ、特に神の呼称――「今おられ、昔おられ、やがて来られる方」（Aタイプ）と「初めであり、終わりである方」（Bタイプ）――の詳細な分析から創造の神が終末の神ととらえられていることを示されます。こうして、神が「初め」（過去）であり、「終わり」（将来）であることを浮かび上がらせることで、終末論には、神の民の視野を拡げ、現実の諸問題を相対化させ乗り越えさせる役割があるとされます。

今年度の聖書講座は、宗教と終末論という総合テーマのもと、「終末」についてまさに多角的に取り扱われましたが、三つのご講演をとおして、終末によって、「外的世界」（大貫先生）、「破局」（福嶋先生）、「現実世界」（遠藤先生）などを超えて、究極的に希望の地平へと拓かれていることが示されました。同時に、終末への希望が、決して単なる彼岸への憧れにとどまらず、新たな生き方、さらにはより良い世界の構築へと向けられているということを改めて思い起こすことができました。本講演集が、聖書的な観点から「終末」という問題を考えることで、現代世界において人類が直面している様々な危機的状況を乗り越えようとするための考察の一助となれば幸いです。

キリスト教文化研究所所長　川中　仁

宗教と終末論

目次

神の国はあなたがたの〈内面に〉

――ルカ福音書一七章21節の ἐντός と禿鷲の言葉（ルカ一七37）

大貫　隆

はじめに

本論考では、ルカ福音書一七章21節に現れるギリシア語「エントス」ἐντός からルカ福音書と使徒言行録の二部作全体の終末論を論じ、逆にその全体からルカ福音書一七章21節の同じギリシア語をどう翻訳するべきか考えてみたい。そのためにルカ福音書一七章20―37節を集中的にとりあげることになる。したがって、はじめにこの段落を聖書協会共同訳

（二〇一八年）で読んでおこう（改行、挿入、文言変更、〔 〕内の要約は大貫による）。

20ファリサイ派の人々が、神の国はいつ来るのかと尋ねたので、イエスはお答えに
なった。「神の国は、観察できるようなしかたでは来ない。21『ここにある』とか、
『あそこにある』と言えるものでもない。実に、神の国はあなたがたの中に〔ἐντός〕
あるからだ。」

22それから、イエスは弟子たちに言われた。「あなたがたが、人の子の日を一日だ
けでも見たいと望む時が来る。しかし、見ることはできない。23『そら、あそこに』
『そら、ここに』と人々は言うだろうが、出て行ってはならない。また、追いかけて
もならない。24稲妻がひらめいて、大空の端から端へと輝くように、人の子もその日
に現れるからである。

25しかし、人の子はまず多くの苦しみを受け、今の時代から排斥されなければなら
ない。

〔26―35ノアの時代の洪水、ロトの時代のソドムの滅亡、同じ部屋で寝ている二人

の男、一緒に臼を挽いている二人の女たちの分断〉
37 そこで弟子たちが、「主よ、それはどこでですか」と言った。イエスは言われた。「屍体のある所には、禿鷲も集まるものだ。」

I　先行研究について

21節の末尾に「中に〈ἐντός〉」とあるのは、原文のギリシア語の「エントス」ἐντόςを聖書協会共同訳は「中に」と訳していることを示している。この「エントス」が翻訳上の最大の難関の一つなのである。それはとうにご承知の方も少なくないはずで、今さら多言を要しないであろう。私の管見の限りであるが、最近の国際的研究の中で、このギリシア語をめぐる古代から現代までの問題史を最も詳細に論述しているのはミヒャエル・ヴォルターの注解書（M. Wolter, Das Lukasevangelium, Tübingen 2008, 576–577）である。それによれば、代表的な翻訳（解釈）は三つある。

(1) 最も古典的な翻訳はウルガータ（intra vos）とマルティン・ルター（inwendig in euch）によるもので、どちらも「あなたがたの内面に」を意味する。

(2) 現在の研究上の多数意見は「あなたがたの間に／只中に／枠内に」と訳すもので、イエスの宣教活動において神の国がすでに現臨していることを意味するとされる。

(3) 第三は「(限られた空間）の内側で」あるいは「手が届く範囲内で」と訳すもの。これは二十世紀の前半以降、古典ギリシア語文献で「エントス」ἐντός が前置詞として使われ、かつルカ福音書一七章21節と同じように目的語に人称代名詞を取っている用例の研究を踏まえて提案されたものである。

ヴォルター自身は、言語的分析からだけでは最終的な解決は不能だとして、むしろ内容的な根拠から「あなたがたのもとに（bei euch）」と訳している。すなわち(2)に与している。

もう一つ注解書からの例をあげれば、ＥＫＫ聖書注解シリーズでのフランソワ・ボフォンは「なぜなら神の国はあなたがたがいる空間の中にあるからだ（daß das Reich Gottes in dem Raum ist, der der Eure ist）」と訳している（F. Bovon, Das Evangelium nach Lukas, Neukirchen-Vluyn 2001, 160, 166）。これはドイツ語としてはなんとも妙な言い回しだが、それだけ翻訳に苦労している証しであろう。意味の上では、基本的に⑶に賛同しているのだと思われる。

最後に⑴も今なお決して死滅してはいない。むしろ国際的にも有力な研究者の中に支持者が少なくない。この点には後ほど改めて触れる。ここではその前に、日本人による現代の主な研究と翻訳を時系列に沿って一瞥しておこう。

一九五五年改訳の口語訳聖書は「実にあなたがたのただ中にあるのだ」と訳して、⑵の立場であった。

一九六四年に発表された田川建三の論文「時と人間――イエスの思想研究の試み」（日本聖書学研究所編『聖書学論集』第二号所収、特に三六―三七頁）は、「あなた達の手のとどくところにある。あなたたち自身の可能性だ」ということ、つまり前述⑶の意味に解している。

一九七四年の荒井献『イエスとその時代』（岩波新書）は、田川が紹介したこの説に賛同するにとどまらず、「現在学会の一致した見解である」（一二五頁）と断言している。一八八九年の青野太潮『「十字架の神学」の成立』（新教出版社）は荒井の断言への賛同は留保しているが、ルカ福音書一七章21節の「エントス」ἐντός の意味としては⑶が「適当だと思う」と述べる（二九二―二九四頁）。

時系列が前後するが、その二年前の一九八七年に刊行された新共同訳は⑵の立場で「あなたがたの間に」と訳している。一九九一年に三好迪は『新共同訳　新約聖書注解Ⅰ』（日本基督教団出版局）でその意味を注解して、「単に精神的に心の中にあるというのではなく、神の国（支配）は、今すでにイエスの宣教と病人のいやしにおいて来た。即ちあなたがたの間にいるイエスにおいて来たということ」（三五一頁）だと述べている。

二〇〇二年の八木誠一『新約思想の構造』（岩波書店）は⑵を批判して、「しかし、神の支配や神の国が「あなた方の間にある」ものなら、やはり、見よ、ここにある、あそこにある、といえるのではないか。イエスの時代、哲学的語彙に乏しい言語で『自覚に現れ、主体性を担う現実』といおうとしたら、『あなた方の内（側）にある』というよりしかたないではないか」（一二一頁）と述べる。つまり八木は⑵を退けて⑴に与するのである。

二〇一八年の日本聖書協会共同訳についてはすでに見たとおりである。「あなたがたの中にあるからだ」（一四一頁）という翻訳は前述の⑴と⑵のどちらとも取れる。しかも「中に」に欄外注が付されて、「手中にある」という別訳⑶の可能性も容認されている。最後に、二〇二三年一一月に刊行された岩波書店の『改訂新版　新約聖書』では、佐藤研が「なぜならば、見よ、神の王国はあなたたちのまっ只中にあるのだ」と訳している。訳注での断りによると、二〇〇四年刊行の合本旧版にくらべ⑶により多く意を配っている。

Ⅱ　本論考の課題

以上のような研究状況の中で、私自身はこれまで⑶に賛同してきた。たとえば、二〇〇三年の『イエスという経験』（岩波書店）ではこう述べている。

サタンとの角逐の最前線、それがイエスの現場であった。「神の国はあなた方の手が届く範囲にあるのだ」（ルカ一七21）という重要な発言もこの関連で自然に理解することができる。「神の国」は「ここだ、あそこだ」と探しまわるべきものではない。それはイエスの癒しと悪霊祓いのわざと共に、すでに「手の届く範囲」にある。

（一五八頁）

これは出典の単行本の表題が示すとおり、史的イエス研究の土俵上の発言である。私はこれを補強し、敷衍するために、二〇二三年度自由学園大学部の電子ジャーナル『生活大学研究』第八巻に「人の子と禿鷹――ルカ福音書一七章37節／マタイ福音書二四章28節によせて」という表題の論考を寄せた。そこでは、分析を史的イエスにまで遡及させる途中の一ステップとして、福音書記者ルカが一七章20―37節でどのような伝承を手に入れていたのか、そしてそれをどう編集しているかを分析した。その際私が強く引っかかったのは、「（神の国は）ここにある、あそこにある」と言えるようなものではないというイエスの発言であった。それは21節では、ファリサイ人に向けられている。その発言と実質上同じ文章が直後の23節では、弟子たちへの回答として再び現れる。つまり、ほぼ同じ文言のイエスの文章が至近距離で二回重複しているのである。この点について、私は結論的にこう述べた。

しかし、この不思議は21節の〈ἐντός〉を「あなたがたの内面に」と訳せば、見事に解消するのである。そう訳せば、「神の国」が「見える形で来るものではない」（20節）わけは、それが人間の「内面に」あるものであって、外的世界の特定の「あそこ」や「ここ」にあるものではないからということになる。すなわち、ルカは21節と23節のどちらでも、神の国」――あるいは同じことだが、「人の子」の到来――が外的世界の「あそこ」や「ここ」の特定の場所に限定されるものではないことを言いたいのだが、その理由を一方（21節）では、それが人間の「内面に」あって不可視なものだからとし、他方（23節）では、それは稲妻のようにだれの目にも可視的で場所の別を問わないからだとするわけである。外的世界の中の特定の場所への限定が、内面的不可視性と宇宙大の可視性の両サイドから否定されるのである。（前掲論文、三六頁）

ご覧のとおり、この結論は(1)に賛同するものである。本論考の課題は、ルカ福音書一七章21節の「エントス」ἐντός に福音書記者ルカ自身が込めている意味は(1)であることを、言語的な用例分析からではなく、この文言を含む一七章20―37節という大きな段落全体――さらにその前後の文脈――の編集史的な分析から明らかにすることである。ただし、その分析はすでに前掲の論文でも行われている。本論考はそこでの分析を史的イエス研究の土俵から独立させ、焦点をルカ福音書一七章21節の「エントス」ἐντός がルカの編集レベルで担っている意味に絞って組み直し、前掲の結論を改めて論証しようとするものである。

III　ルカ福音書一七章20―37節における伝承と編集

さて、一七章20―37節における伝承とそれに対するルカの編集の意図を探るために最適な出発点は、すでに触れたように、「(神の国は)ここにある、あそこにある」と言って探し回るべきものではないというイエスの否定形の発言（言わば禁令）が、21節とその直後の23節で相次いで二回繰り返される事実である。21節でそれは「神の国はいつ来るのか」と問うファリサイ人への回答とされている。その直後の22節では新たに弟子たちが導入され、ほぼ同じ文言の問いを繰り返す。23節のイエスの同じ否定形の発言はその弟子たちへの回答とされているから、場面的にはたしかに一応の差異化が行われているわけである。しかし、これほどの至近距離でほぼ同じ否定形の文章が繰り返されるのは、なぜなのか。そこにはルカの一定の編集意図が込められているに違いない。

そこで21節と23節をよくよく比べてみよう。21節では「神の国はあなたがたのエントス（ἐντός）にあるからだ」がイエスの否定形の発言の理由である。他方、23節のイエスの禁令の理由は、24節で「稲妻がひらめいて大空の端から端へ輝くように、人の子もその日に現れる」からだと言われる。この二つの理由はどういう関係なのか。どちらもほぼ同じ趣旨での問いへの回答とされている以上は、互いに無関係であるはずはない。前者すなわち21節でのイエスの回答に含まれる「エントス」ἐντός の意味も、その関係から解明できるはずである。これが私の作業仮説である。

一　ルカ福音書一七章23―37節の分析

一・一　ルカ福音書一七章37節は一七章24節と元来一体のもの

私の作業仮説から次に必要になるのは、24節がなぜ23節でのイエスの禁令の理由になり得るのかを検討することである。この検討の出発点になるのは、24節がもともと37節とワンセットでQ資料に由来することである。ここでQ資料とは、マタイとルカが共通して利用しているイエスの語録集のことであるが、今述べたことは、この資料に関して蓄積されてきた国際的な研究が現在到達している共通認識である。

事実、マタイ福音書の並行記事の二四章27―28節では、27節がルカ福音書一七章24節に対応し、28節がルカ福音書一七章37節に対応しながら一つながりになっている。Q資料での元来のつながりはマタイの方によく保存されているのである。

問題はルカ福音書一七章37節／マタイ福音書二四章28節にあるイエスの言葉の解釈であ

る。まず、それぞれの本文は次のとおりである。

ルカ福音書一七章37節

体のあるところはどこでも、そこに禿鷲たちも集まるだろう（大貫私訳）。

ὅπου τὸ σῶμα, ἐκεῖ καὶ οἱ ἀετοὶ ἐπισυναχθήσονται.

マタイ福音書二四章28節

屍体のあるところはどこでも、そこに禿鷲たちが集まるであろう（大貫私訳）。

ὅπου ἐὰν ᾖ τὸ πτῶμα, ἐκεῖ συναχθήσονται οἱ ἀετοί.

これが一種の格言（以下では「禿鷲の言葉」と略称する）であることは一読して明らかである。そのことはすでに国際的な研究史の早い段階から繰り返し指摘されてきた。ところが、これがもともと明確な格言であったという確たる証明も、またその意味の解明も、現在まで未決のままであり続けてきた。これはＱ資料の研究に限らず、史的イエスと共観福音書研究の現在の代表的な研究文献を大まかに跋渉してみるだけですぐに明らかになるとおりである。

一・二　禿鷲の言葉(ルカ一七37／マタ二四28)──元来独立の格言

一・二・一　古典的様式史の見方

禿鷲の言葉の背後に、明瞭に格言（諺）とは言えないまでも、人間の経験知に基づいた定型句の伝統が潜んでいるだろうという想定は研究史とともに古い。すでにマルティン・ディベリウス『福音書の様式史』(M. Dibelius, Die Formgeschichte des Evangeliums, 1. Aufl. 1919, 5. Aufl., Tübingen 1966) が、「比較的数は少ないが、もともとの起源が全く謎のまま」伝えられてきた比喩表現の一つにこの箇所を数えている。その他には、たとえば「豚の前に真珠を投げてはならない」（マタ七6）や「人は皆、火で塩気を付けられねばならない」（マコ九49）などがあげられる。これらの言葉は意味が全く謎であったために、原始キリスト教会としても解釈を施す術もないままに伝える他はなかったのだと言う（前掲書、二五〇頁)。

福音書の様式史的研究のもう一つの古典であるルドルフ・ブルトマン『共観福音書伝承史』(R. Bultmann, Die Geschichte der synoptischen Tradition, 1. Aufl. 1921,7. Aufl., Göttingen 1967) は、禿鷲の言葉を「主の言葉」の下位区分「知恵の教師イエスのロギオン」の様式に分類している。それによれば、この様式に属する伝承の大半はアラム語の領域で成立したとされるが、禿鷲の言葉だけは例外的にヘレニズムの領域で追加されたものと見なされている(前掲書、一七九頁)。最も近い類例としてブルトマンがあげるのは、七十人訳のヨブ記三九章30節である(前掲書、一一二頁)。七十人訳の同じ箇所との類似性は、その後、有名なH・L・シュトラック/p・ビラーベック『タルムードとミドラッシュからの新約聖書注解』(H. L. Strack/ P. Billerbeck, Kommentar zum Neuen Testament aus Talmud und Midrasch, Bd.I, (1. Aufl. 1926), 5. Aufl., München 1969, 955) も指摘している。参考までに聖書協会共同訳ではその文脈は次のとおりである。

28 鷲は岩に宿り/切り立つ岩や砦の上で夜を過ごす。29 そこから獲物を探し/その目は遠くから見定める。30その雛は血をすすり／死骸のある所にいる。

七十人訳は30節の後半を「死んだ者がいれば、彼らはたちまち現れる」としているが、大差はない。たしかに類似はしているものの、主語の「彼ら」が禿鷲と雛であって、しかも雛は屍肉を食うのではなく血をすする点に、われわれの言う禿鷲の言葉とのズレが残る。

一・二・二　A・エールハルトの研究

その後一九五三年に、A・エールハルトが『ハーバード神学評論』誌に「福音書に見られるギリシアの格言」と題する論文を発表し、ヘレニズム文化圏での類例を踏査した結果を提示している（A. Ehrhardt, Greek Proverbs in the Gospels, HThR 46 [1953] 59-77, 特に68-72）。そこで挙げられている類例の内で主なものを原文からの私訳で紹介すれば、次のとおりである。

セネカ（Seneca 西暦紀元前後―後四一年、ストア哲学者）『倫理書簡集』九五43

禿鷹がいて、屍肉を待ち構えている（voltur est, cadaver expectat）。

コルヌートゥス（Cornutus ストア哲学者、後二〇年頃誕生）『断片集』二一
禿鷹がアレースの神聖な鳥とされるのは、アレースのために朽ちた屍肉がたくさんあるところならどこでも（ὅπου ποτ᾽ ἂν πτώματα πολλὰ Ἀρηΐφθορα ᾖ）集まるからである。

マルティアーリス（Martialis 後四〇—一〇四年、スペイン生まれのラテン詩人）『エピグラム集』VI 六二 4
彼のこの遺体は禿鷹たちのものとなろう（cuius vulturis hoc erit cadaver）。

ルカーヌス（Lukanus 後三九—六五年、歴史家）『ローマ内乱史』VI 五五〇—五五一
どんな屍肉でもむき出しの地面に放りだされていれば、真っ先に野蛮な鳥どもを鎮めねばならぬ（Et quodcumque iacet nude tellure cadaver, Ante feras

volucres sedet)。

しかし、どの事例も「帯に短かし、襷に長し」で、禿鷲の言葉がルカ福音書一七章37節／マタイ福音書二四章28節の形で共観福音書の伝承圏に入ってくる前に、すでにヘレニズム文化圏で格言として確立されていたことを明瞭に論証するには不十分である。そのことはエールハルト自身が結論として認めるところである。

「屍体のあるところはどこでも、そこに禿鷲たちが集まるであろう」という言い回しの格言がヘレニズム文化圏の伝承として存在したこと、その最も確かな証拠となるのは、マタイ福音書二四章28節だと思われる。たとえ、そこで「禿鷲」（vultures〔γῦπες〕）が「鷲」（eagles〔ἀετοί〕）に変更されているとしてもそうである。なぜなら、ギリシア語とラテン語での著作家たちの間に、暗示と呼べるものはたくさんあるものの、それが格言として存在したことは推測する他にないからである（前掲書、七二頁）。

一・二・三　プルタルコス『倫理論集』九一八C

私が見るところ、プルタルコス『倫理論集』の段落九一八Cが重要性を帯びるのは、まさにこの点においてである。

プルタルコスとは古代哲学史の上では中期プラトン主義に数えられる人物で、後五十年以前に生まれ後一二〇年過ぎまで生きた。晩年の三十年間は今もデルフォイに遺構が残る有名なアポロン神殿の神官であった。古代ギリシアとローマの哲学者、政治家、軍人たちを二人一組で対比させて論じる『英雄伝』の著者として有名である（岩波文庫に邦訳がある）。それ以外にも、さまざまな世代の老若男女の処世法、そのために動植物界と宇宙的自然の仕組みから得られる知恵について、長短さまざまな論考を書き残した。その量は膨大であり、やがて『倫理論集』(Moralia) と総称されることになった。『英雄伝』と『倫理論集』のどちらにおいても、一読してすぐ分かるとおり、ギリシア文化のはるかな昔からの神話、叙事詩（ホメーロス）、悲喜劇作品、もろもろの哲学説、伝説などが縦横無尽、自由自在に引照されている。いったいどれほどの蔵書、どのような図書館を使いこなすことができた人物であったのかと、大いなる感嘆を禁じ得ない。後二世紀という古代末期にギリシア・ローマ文化の全体を俯瞰できた稀にみる教養人であった。

その『倫理論集』に集められている長短さまざまな論考の一つに「自然現象の原因について」（ギリシア語でΑΙΤΙΑΙ ΦΥΣΙΚΑΙ、ラテン語でQuaestiones Naturales）と題する比較的短い一篇がある（文末の参照文献⑦）。他方で、『倫理論集』には、後代の学者によって、全体にわたって段落区分のための通し番号が施されることになった。われわれにとって重要なのは、論考「自然現象の原因について」の中でも九一八Cと表記される段落である。まずは、その段落の本文を前後の文脈（九一八B―E）の中で読んでみよう。

（B）なぜ動物たちは、何かの病気に罹った場合、動き回って助けになる事物を探し出し、それを利用して癒されることがしばしばあるのだろうか。たとえば、犬は（特定の）植物を食べることで、胃の中の不快物を吐き出すものだ。豚は川蟹を探して回り、（C）それを食べて頭痛を和らげる。亀はマムシ（毒蛇）の肉を喰ってしまった場合、マヨラナ〔野生の薬草〕を探して食べる。さらに人々の言うところでは

(λέγουσιν)、熊は吐き気を催すと、舌で蟻を捕まえ飲みまくって癒される。しかし、これらの動物はこういった行動を他から教えられたのではない。また、自ら試したわけでもなく、たまたまそうなったというわけでもないのである。

たしかに巣蜜がその匂いで蜜蜂を呼び寄せ、動物の屍肉が禿鷲を刺激して遠くからそうするものであり（καὶ τὰ κενέβρεια τὸν γῦπα κινεῖ καὶ προσάγεται πόρρωθεν）、川蟹が豚を呼び寄せ、マヨラナが同じように亀を呼び寄せるのも同じであって、さらに蟻が自分たちにとって有用な匂いと分泌物で熊を引き寄せるのだとしよう。しかしその際、（D）有用性についてのあらかじめの計算がこれらの動物をまったく誘導していないと言うのは、はたして当たっているだろうか。

〔むしろ、これらの動物たちの行動の原因は、彼らの体調がなんらかの病気、体液の循環障害、辛さや甘味、その他の性質の変化などで、変調をきたしている所為なのではないか。妊婦がその証拠になる。妊婦は石や土さえも口にしたくなることがある。・・・中略・・・（E）そうだとすれば、前述のような動物たちについても、同じことが言えるのではないか。つまり、致命的とまでは言えない程度の病気が彼らの体調を変じて、それぞれにその癒しになるようなものを口にさせているのだと考えられる。」(Plutarch, ΑΙΤΙΑΙ ΦΥΣΙΚΑΙ Quaestiones Naturales, in: Moralia Vol. XI, Loeb Classical Library, trans. L. Pearson/ F. H. Sandbach, 1965, 204–207)。

とりわけ注目に値するのは、段落Cの中央の改行後のパラグラフ冒頭のゴチック体の部分である。ギリシア語原文は括弧内に表示したとおりである。ルカ福音書一七章37節／マタイ福音書二四章28節の禿鷲の言葉と比べて最も顕著な違いは、マタイの「屍肉」(プトーマ **πτῶμα**)、ルカの「体」(ソーマ **σῶμα**) の代わりに、プルタルコスでは「ケネブレイア」**κενέβρεια** というきわめて稀な同義語が使われていることである。

しかし、このような同義語あるいは類語の入れ替わりは、不特定多数の人々の口から口へ伝承されてゆく格言においては、古今東西を問わず普遍的に見られる現象である。したがって、マタイ福音書二四章28節とルカ福音書一七章37節の間で用いられるギリシア語が「プトーマ」**πτῶμα** と「ソーマ」**σῶμα** の間で変動していることも、まさに禿鷲の言葉がもともと格言であったことの徴と見ることができるだろう。

「禿鷲」がマタイ福音書二四章28節とルカ福音書一七章37節では「アエトイ」ἀετοί であるのに対して、プルタルコスでは、エールハルトが挙げる類例のほとんどすべてと同じように、「ギュプス」γύψ（ラテン語はvultur）になっていることについても事情は同じである。それに加えて、そもそもギリシア語の「ギュプス」γύψ と「アエトイ」ἀετοί（単数形は ἀετός）をどう訳し分けるかは、日本語の「鷲」と「鷹」の場合とまったく同じで、古代ギリシア・ローマ文化圏でも曖昧だったのである。両者の違いは厳密な分類学上のものではなかったからである。だからこそ、動物学の創始者とも呼ぶべきアリストテレスも『動物誌』という著作の一節（六一八b―六一九a〔八32〕）で、通常屍肉は食わないとされた「鷲」の中にも屍肉を食う種類（屍肉鷲「ギュパエトス」γυπαετός）がいることをわざわざ指摘する必要があったわけである。

反対に、禿鷲の言葉との最も著しい一致は、動詞「呼び寄せ」（προσάγεται）が動詞 ἄγω の派生動詞である点で、ルカ福音書一七章37節／マタイ福音書二四章28節の「禿鷲たちが集まるだろう（マタイ συναχθήσονται、ルカ ἐπισυναχθήσονται）」の動詞と共通していることである。

【補論】古代ギリシア語は、とりわけ「行く」、「来る」、「置く」、「立てる」、「送る」、「集まる」など使用頻度の高い動詞では、語頭にさまざまな前綴りを付加することで、動作の微妙なニュアンス差を表現することが頻繁に行われる。前綴りに用いられるのは前置詞あるいは副詞であることが多い。しかもその付加は一回とは限らず、二回、三回と繰り返されることも少なくない。マタイ福音書二四章28節の συναχθήσονται は「シュン」συν-（前置詞「～と一緒に」）＋「アク」αχ-（動詞 ἄγω「引いて行く」の語幹）＋「テーソンタイ」θήσονται（未来時称・受動態・三人称複数形の語尾）に分解される合成動詞で、ここでは「一緒に集まるだろう」という自動詞用法である。ルカ福音書一七章37節の ἐπισυναχθήσονται の前綴りはマタイ福音書の前綴りの前にさらに「エピ」ἐπι-（前置詞「～の上に」）が付け加わっている。直訳すれば「その上に重なるように一緒に集まるだろう」という意味である。

総体的に見て、プルタルコス『倫理論集』九一八Cがルカ福音書一七章37節／マタイ福音書二四章28節の禿鷲の言葉に対して示す類似性は、意味上も文言上もエールハルトがあげるすべての類例（前出参照）をはるかに凌いでいると言うことができる。

余談ながら、それほど顕著な並行事例が、どうして今まで古典文献学と神学の令名殷々たる研究者たちの目にとまらずにきてしまったのか。その理由としてまず考えられるのは、プルタルコスがイエスはもとよりマタイとルカよりも後代の著作家であることである。そのために、端から類例探索の対象範囲から外されたのであろう。しかし、目を現代に移せば、昨今はやりのコンピューターによるデータ検索にかけてもそれは見つからなかったのだろうか。そのような検索のためのデータベースとしてはすでに Thesaurus Linguae Graecae（直訳すれば「ギリシア語文献大蔵」）と呼ばれるものがあって、古代から中世までのギリシア語で表された文書が網羅的に電子化されているのである。それにもかかわらず検索の網にかからずにきた決定的な理由は、私が見るところでは、かたやルカ福音書一七章37節／マタイ福音書二四章28節の禿鷲の言葉、こなたプルタルコス『倫理論集』九一八Cの二つの間に、コンピューター検索のキーワードとして入力するに適した共通の単語が一つも存在しないということである。実は「禿鷲」と「屍肉」の二単語がキーワードとして最も望ましいところだが、すでに見たとおり、そのどちらにも禿鷲の言葉（ルカ一七37／マタ二四28）とプルタルコス『倫理論集』九一八Cはそれぞれ異なるギリシア語を当てているのである。両者に唯一共通するのは、これもすでに確認したとおり、それぞれの主動詞に内包された動詞「アゴー」ἄγω（禿鷲の言葉では「集まる」、プルタルコスでは「呼び寄せ」）の語幹（ἀχ-）のみである。ところが、これだけでは、膨大なデータの山（Thesaurus Linguae Graecae）からプルタルコス『倫理論集』九一八Cにたどりつくことは到底できない相談なのである。

ともあれ、われわれにとって肝要な問題は、『倫理論集』九一八Cの目下の文章がプルタルコス以前に、どこまで格言性を帯びていたかである。この点で重要な足がかりとなるのは、前掲の引用テクストの九一八B—Eにおけるプルタルコスの行論である。一読して明らかなとおり、全体が大きく二つの部分に分かれている。すなわち、最初の二つのパラグラフでは、野生の動植物が本能的に具えている不思議な能力が列挙されている。しかも、それは段落Cの冒頭部にある「人々の言うところでは（λέγουσιν）」が端的に示すとおり、不特定多数の人々の間に膾炙した生活知・経験知として報告されている。それに対して、第二パラグラフの末尾（段落Dの冒頭）に「しかしその際、有用性についてのあらかじめの計算がこれらの動物をまったく誘導していないと言うのは、はたして当たっているだろうか」とあるのを境として、その後に続く段落（前掲の翻訳では〔　〕内の要約部分）では、プルタルコス自身が列挙された動植物の能力について、より正確な学術知を披瀝しているのである。このような大きな文脈の枠内で、問題の「動物の屍肉が禿鷲を刺激して遠くからそうする（呼び寄せる）ものであり」（καὶ τὰ κενέβρεια τὸν γῦπα κινεῖ καὶ προσάγεται πόρρωθεν）という文章も、広く人口に膾炙した定型句の一つとして挙げられているのである。プルタルコスもそれをすでに格言に相当すると見なしていると言ってよいであろう。

一・二・四　ルクレティウス『事物の本性について』第四巻六七九行

しかも、ロエブ古典叢書（Loeb Classical Library）の英訳者たちは、この文章に訳注を付して（Plutarch, Moralia, vol. XI, 205）、ローマの詩人哲学者ルクレティウス（前九四年頃―五五年頃）『事物の本性について』第四巻六七九行を参照するように指示している。そこには次の詩行がある（文末参照文献⑧参照）。

蜂たちは蜜の香りで、禿鷲たちは屍体によって、どれほど遠くからでも引き寄せられる。

mellis apes quamvis longe ducuntur ordore vulturique cadaveribus.

プルタルコスの前掲の文言も禿鷲が屍肉に呼び寄せられることを述べる直前に、蜜蜂が巣蜜の匂いで呼び寄せられることを挙げているから、両者の間の並行関係はたしかに著しい。したがって、蜜蜂と禿鷲をワンセットにして、一定の条件が整えば、どれほどの距離であろうとものともせずに必ず集まってくることを言い表す定型句が、両者の背後に存在したことは間違いない。

もちろん、ルクレティウスは「屍肉」にラテン語「カダベル」cadaver の語を使っているのに対して、プルタルコスはそれに見合うギリシア語「プトーマ」πτῶμα ではなく、稀有な「ケネブレイア」κενέβρεια を使っているというズレがあるのは事実である。しかしこの可変性は、蜜蜂と禿鷲をワンセットにした問題の文章がもともと人口に広く膾炙した格言であったことに決して矛盾するものではなく、むしろそれを証拠立てるものと見るべきである。その根拠はすでに前述したとおり、格言のような口伝では同義語あるいは類語間の入れ替わりは繰り返し起きることだからである。

ルクレティウスはプルタルコスとは逆に、イエスより年代的に先の人物であり、イエスが誕生するほんの半世紀弱前まで生きた。したがって、格言としての広がりも、遅くともそこまではさかのぼると言えよう。こうして、禿鷲の言葉がもともとヘレニズム文化圏の格言であったことは、イエスを挟んでその前と後の両方から確証されるのである。

ちなみに、プルタルコス『倫理論集』中の論考「自然現象の原因について」のロエブ古典叢書に収められた英訳は、前掲の段落九一八B―Cに挙げられている犬、豚、亀、熊の能力について、他にもアリストテレス『動物誌』、ローマの自然誌家大プリニウス（後二三／二四年―七九年）『自然誌』、アエリアノス（後一七〇―二三五年）『動物誌』、懐疑主義哲学者セクストス・エンピリコス（後二〇〇年頃に活動）『ピュロン哲学要綱』などから多くの類例を引照している。明らかにプルタルコスはヘレニズム文化圏で長い学説史を持つ自然誌・動物誌の伝統に通じているのである。プルタルコス自身の著作の中では、その他に「陸上動物と水中動物のどちらがより賢いか」(De Sollertia Animalium, Loeb vol. XII) 九七四B、E、「動物も理性を使う」(Bruta Animalia Ratione Uti, Loeb vol. XII) 九九一Eも参照に値する。プルタルコスが『倫理論集』九一八Cで禿鷲に関するルクレティウスと同じ格言を引き継いだのも、そのような大きな自然誌研究の学統の中でのことであった。ちなみに、プルタルコスは同じ『倫理論集』所収の論考「ローマ人の原因譚」(Quaestiones Romanae, Loeb vol. IV) 二八六A—Bでも、禿鷲は「どれほど遠くからでも突然舞い降りてくる」ことを挙げた後、生肉を喰わない点に鷲および鷹との違いを見る伝統的な見方を紹介している。

これまでの共観福音書伝承史研究が下してきた結論では、ルカ福音書一七章37節／マタイ福音書二四章28節の禿鷲の言葉は意味不明な謎の言葉であった。しかし、もし以上の私の論述が当たっているならば、われわれはそのような否定的な判断を一気に転覆させて、禿鷲の言葉の背後には、もともとヘレニズム文化圏に由来する明瞭な格言が前提されていると結論づけることができる。しかも、その格言はどれほど距離が離れていても屍肉の在り処に集まってくる禿鷲の超能力に焦点を絞るものであった。それは古代の自然誌研究の長い伝統に連なるものであったから、屍肉を漁る禿鷲というイメージが引き起こしやすい薄気味悪さとは全く無縁なものであった。

一・二・五　新しい発見の衝撃とイエス研究への帰結

それでは私はどのようにしてこの新たな発見に至ったのか。そのきっかけは端的に言ってまったくの偶然だった。

ご承知の読者も少なくないはずであるが、私は『イエスという経験』（岩波書店、二〇〇三年）以来、『イエスの時』（同、二〇〇八年）、『終末論の系譜』（筑摩書房、二〇一九年）をへて、最近の『イエスの「神の国」のイメージ』（教文館、二〇二一年）まで、歴史上の人物としてのイエスが「神の国」の宣教のために織り上げていたイメージのネットワークを再構成することに努めてきた。ところがその間私は一貫してルカ福音書一七章37節／マタイ福音書二四章28節の禿鷲の言葉を完全に積み残してきた。すなわち、一度も正面からとりあげることもなく終わっている。その理由を今ここで正直に告白すれば、この言葉のイメージが私にはあまりに薄気味悪かったからである。動物の屍肉を喰い漁る禿鷲はイエスの「神の国」のイメージの網の目になんとも組み込み難かったのである。

他方で私は若い時から、毎朝すべての他事を措いて、まず古典語（ギリシア語かラテン語）の原典を一定量読解することを自分に課してきた。近代語の学習はそれが日常的に使われている現地に身を置けば比較的容易に身につけ、保持することができる。しかし、古代ギリシア語とラテン語の場合はそうはゆかない。放っておけば、一旦覚えたこともすぐに忘れてしまう。そうならないためにはコツコツと石を食むように読解訓練を続けるしかない。そのために私の日課が始まった。定年退職を機に一切の公職から退いた後は、歳を重ねるのと並行して、有効な認知症対策としても継続している。

そのようにして、二〇二一年の春にたまたま読んでいたのが前述のプルタルコス『倫理論集』の一篇「自然現象の原因について」であった。その九一八Cに来た時の衝撃を私は忘れることができない。そこには構文と文意の上で禿鷲の言葉とほぼ完全に一致する一文が記されているではないか！しかも、それは動物たちが学習せずして本能的に具えているさまざまな能力を列挙してゆく文脈の一部であった。その瞬間、私がそれまで禿鷲の言葉に抱き続けていた薄気味悪さが一気に霧散した。そのような否定的な先入観は、禿鷲の言葉が少なくとも元来ヘレニズム文化圏の格言として持っていた価値中立的な、否、むしろ積極的な意味からみれば、まったくのお門違いだったのである。

禿鷲の言葉の新しく発見された意味は、俄然、生前のイエスの「神の国」のイメージ・ネットワークへ組み込むことができるように私には感じられた。その組み込みを試みたのが、すでに第Ⅱ節のはじめで言及した「人の子と禿鷲——ルカ福音書一七章37節／マタイ福音書二四章28節によせて」という論考であった。そこでの私の結論は、禿鷲の言葉はイエスが宣教した「神の国」が宇宙大の大きさのもので、地上の特定の場所（たとえばエルサレム）に実現されるものではなく、地上では言わば「ユートピア」（原語はギリシア語 οὐ τόπος で「不在の場所」の意）であるという、かつての私のテーゼ（『イエスという経験』、二〇〇三年、二〇一頁）に接続できることであった。こうしてイエスの「神の国」のイメージ・ネットワークは網の目がもう一つ増えることになった。

これまで関連する私の著作で述べてきたことの繰り返しになるが、イエスが網の目に編み上げたイメージは、どれをとってもイエスがまったくの無から創造したものではなく、むしろ同時代のユダヤ社会が共有していたものだった。イエスの独創性はそれらを拾い集めてまったく新しい意味のつながりへネットワーク化したことであった（『イエスの時』、二〇〇六年、九一頁）。私が一連のイエス研究の著作でつながりを明らかにしてきたイメージの大半は、従来の史的イエス研究が扱いに手を焼いてブラックボックスのまま放置してきたものだった。ルカ福音書一七章37節／マタイ福音書二四章28節の禿鷲の言葉も、すでに述べたように、その点はまったく同じである。ところが、禿鷲の言葉がもともとヘレニズム文化圏の格言として持っていた意味が新たに発見されたことによって、最後まで残っていたブラックボックスに光が当たることになったわけである。その格言はヘレニズム文化圏からパレスチナのユダヤ人社会にも受け入れられて共有され、イエスもそれを知っていたのだと想定することができる。

一・二・六　Q資料とマタイ福音書による解釈

それでは、イエスの死後の原始キリスト教では、禿鷲の言葉はどう受け取られて行ったのか。本論考の課題からすれば、ルカ福音書の場合へと急ぎたいところであるが、その前に、成立年代の上でルカ福音書に先立つとされるQ資料とマタイ福音書の場合を一瞥しておこう。

まずQ資料研究について言えば、イエスの言葉を集めて並べたものという基本的な性格の所為もあって、禿鷲の言葉（ルカ一七37／マタ二四28）が文書全体の枠内でどう解釈されているかを見極めることは非常に難しい。あくまで私の管見のかぎりであるが、禿鷲の言葉を正面から取り上げて論ずるQ研究は、日本国内と海外の別を問わず、際立って少ない。その中で、私のこれまでの薄気味悪さという受け取り方と完全に一致していたのは、他でもない日本の研究者佐藤研の見解である。佐藤は国際的にも論議を呼んで有名になった学位論文『Qと預言――Q資料の文学類型と伝承史』（Q und Prophetie. Studien zur Gattungs- und Traditionsgeschichte der Quelle Q, Tübingen 1988）のある箇所でこう述べている。

最後に私はもう一箇所付け加えておきたい。ルカ福音書一七章23―37節（およびマタイの並行記事）に集められた（イエスの）語録の最後のもの（ルカ一七37／マタ二四28〕は、それ自体で独立した知恵の語録となっている。それは現在の形では、ルカ福音書一七章23―37節の語録集の結びの句として用いられることによって、禍を予告する機能を果たしている。Q資料がこのような暗鬱な言葉で閉じられるということは際立って特徴的である（前掲書、一四五頁）。

佐藤は岩波版の合本版『新約聖書』（二〇〇四年）では、ルカ福音書一七章37節aを「体のあるところはどこでも」と訳した上で訳注を付し、「〔体 σῶμα〕は死体を意味する。滅びに定められた者の隠喩」と敷衍していた。佐藤のこの解釈は否定的な解釈の代表と言えるだろう。ところが二〇二三年一一月に刊行の『改訂新版　新約聖書』の該当箇所では、その訳注は削除されている。私は佐藤に、この改訂新版が刊行されるほんのしばらく前に、前述の拙論「人の子と禿鷲――ルカ福音書一七章37節／マタイ福音書二四章28節によせて」を送っているから、あるいはそれを参照した上での削除かも知れない。いずれにせよ、Q資料が禿鷲の言葉を一義的に否定的な意味に受け取っているという論証は難しいと言わざるを得ない。

それにくらべると、マタイ福音書が禿鷲の言葉に与えている解釈は明瞭に否定的で、薄気味の悪い暗鬱な意味に取っている。すなわち、マタイは禿鷲の言葉を二四章28節に置いて、その意味を直前の二四章23節以下の段落の中で読解するよう読者に求めている。それは死から復活して今は天の神のもとにいるイエスが間もなく「人の子」として再臨して、いわゆる最後の審判を執行するに及んで、地上の人間たちには阿鼻叫喚の苦難が襲うことを予告している。この文脈の中で読まれると、二四章28節の「禿鷲」とは、「人の子」の再臨に先駆けて出現するはずの「偽メシアや偽預言者」(二四24)のことであり、「屍体」とは「(神に)選ばれた人たち」(二四24)以外の者たち、つまり神に選ばれず滅びに定められた者たちのことに他ならない。マタイが禿鷲に薄気味悪さの先入観を抱いていることは明らかである。

そのことは有名な山上の垂訓の一節「空の鳥を見なさい。種も蒔かず、刈り入れもせず、倉に納めもしない」(六26)とも軌を一にしている。このイエスの言葉もQ資料に由来することは、ルカ福音書一二章24節に並行句があることから明白である。ところが、周知のとおり、ルカではマタイの「鳥」の代わりに「烏《カラス》」となっている。この違いに関しては大方の研究者の見解が一致している。すなわち、ルカの「烏」が元々のQ資料の文言であったものをマタイが自分の判断で「鳥」に書き換えたのである。その理由は何なのか。私が最も説得的だと思うのは、マタイが旧約聖書レビ記一一章の忌むべき鳥類のリストを念頭においているという説である。事実、そのリストの途中の15節には「烏の類《カラス》」があげられているのみならず、それに先立ってリストの先頭（15節）には、他でもない「禿鷲」があげられているのである。

マタイがモーセ律法に対するイエスの過激な批判を繰り返し緩和させるために元来の伝承に変更を加えていることは、たとえば安息日条項に関してマタイ福音書一二章8節をマルコ福音書二章27―28節と、離婚条項に関してマタイ福音書一九章9―10節をマルコ福音書一〇章11―12節と比較すれば一目瞭然である。レビ記一一章の忌むべき鳥類の条項に関してしても事情は同じである。生前のイエスの目には、天上で神の国の祝宴がすでに始まっているのに伴って、世界が晴れ上がり、空の烏《カラス》も禿鷲も現にあるがままの生き方で肯定されて見えていた（前掲拙著『イエスという経験』、七二頁）。その肯定の眼差しは、イエスの死後おそらくは半世紀余、八〇年代に著作しているマタイではすでに失われているのである。

一・二・七　ルカ福音書による解釈

それでは本論考の本題に戻って、ルカ福音書の著者は禿鷲の言葉（一七37）をどう受け取っているのだろうか。やはり私の管見の限りではあるが、最近のルカ研究の枠内でも、かつての私と同じ薄気味悪さを感じた研究者がいる。すでに言及したF・ボフォンの注解書がその一例である。彼によれば、ルカが手にしていたQ資料の禿鷲の言葉では、マタイの並行箇所と同じように「屍体」（πτῶμα）とあったのだが、それをルカが「体」（σῶμα）に書き換えたのだと言う。その理由は、ルカが「屍体」という言葉をイエスに当てはめることに「衝撃を受けた」からだと言う（前掲書、一八〇頁）。

ところが、それとは真逆の解釈もある。S・L・ブリッジという研究者によれば、ルカがボフォンの言うように書き換えていることは確かであるが、その書き換えの理由は、逆に「体」（σῶμα）で「十字架に架けられたイエスを生ける存在、すなわち復活のキリスト」として指し示すためである！　それに対応して、「禿鷲」も「義人たちの象徴」、すなわち、ルカの現在におけるキリスト教会を指すのだと言う（S. L. Bridge, “Where the Eagles are Gathered." The Deliverance of the Elect in Lucan Eschatology, Shefield 2003, 51-52. なお、この解釈にはすでに古代教会にオリゲネスという先行者がいる。文末参照文献④、断片四七八参照)。

このように、ルカ福音書一七章37節の禿鷲の言葉に関する数少ない先行研究は、端的に否定的な見方ときわめて積極的な見方に二分されている。プルタルコス『倫理論集』の一篇「自然現象の原因について」九一八Cという私の新たな発見は、そのような研究状況の中で、はたしてどこまで新境地を切り開くだろうか。

まず比較的小さな問題から始めよう。今触れたばかりのボフォンとブリッジの見解の食い違いについては、すでに禿鷲の言葉がヘレニズム文化圏の格言であった段階で、禿鷲の中にも屍肉を食う種類がいるかどうかという一般的な不確かさにつきまとわれていた事実が参考になる(前出三三頁参照)。私の見るところでは、その事実を参照すれば、問題ははるかに無理なく解決される。すなわち、ルカも同じ不確かさを承知していたにちがいない。Q資料のギリシア語「プトーマ」πτῶμαを「ソーマ」σῶμαに変えることこそ、実はその不確かさに対応する最良策だったのである。なぜなら、「ソーマ」は通常のギリシア語でも、生物(有機体)の生きている「体」と死んだ「遺体」の両方を指して使われたからである。新約聖書で最も洗練されたギリシア語の使い手として定評のあるルカがそのことを知らなかったはずはない。事実、ルカ福音書は一二章4節（身体は殺せても、魂を殺すことができない）と二二章19節（聖餐式の制定語）では前者の意味、二四章3節と23節（空虚な墓、エマオ途上での復活のイエスの顕現）では後者の意味で同じ「ソーマ」を用いている！「ソーマ」にしておけば、鷲が屍肉を食うことがあるにせよ、ないにせよ、どちらの場合にも対応出来るから、まさに一石二鳥だったのである。

ちなみにH・L・シュトラック／P・ビラーベックの前掲書の第二巻は、マタイ福音書二四章28節の「プトーマ」とルカ福音書一七章37節の「ソーマ」の背後に、アラム語の「ピグラ」pigra"、ヘブライ語の「ペゲル」peger を想定している。そしてどちらも「死骸」と「(生きている）身体」の両方を意味したことを指摘している。事例として、タルグーム箴言一〇章13節があげられている（前掲書、二三七頁）。

しかし、本論考にとってより重要な問題は、ルカ福音書一七章37節の禿鷲の言葉が現在おかれている位置である。われわれはすでに前出の第Ⅲ節の一・一で、ルカが手にしていたQ資料では、現在のルカ福音書一七章37節は一七章24節と一体であったことを確認した。もう一度繰り返すが、マタイ福音書の並行記事の二四章27―28節では、27節がルカ福音書一七章24節に対応し、28節がルカ福音書一七章37節に対応しながら一つながりになっているのである。つまり、Q資料の元来のつながりはマタイの方によく保存されているわけである。そしてこれが研究上の定説であることも前述のとおりである。ということは、ルカ自身はその一体性を分割して、「禿鷲の言葉」だけを一七章23―37節の段落全体の結びへ移動したのである。この移動は何のためなのか。それによって、もともとの格言の文言と意味に変化は生じなかったのか。これらの問いに答えるためには、一七章23―37節の段落全体にわたるルカの編集作業とその意図を探らねばならない。

二　ルカ福音書一七章22節

二・一　ルカ福音書一七章37節と一七章22節の間の枠構造

まず、ルカが行なったその移動の意図は実は容易に読み取ることができる。一七章23―37節の段落の結びの37節は「そこで弟子たちが〔言った〕」で始まっている。明らかにルカはこれによって、この段落全体に先立つ22節が「それから、イエスは弟子たちに言われた」で始まっていたことを受け取り直している。つまり、ルカは22節と37節の間に意図的に大きな「囲い込み」構造を作り上げているのである。

その「囲い込み」構造の狙いは何か。23―24節でのイエスの発言とそれに続く25―35節のイエスの説明の間に生じてしまった微妙なズレを解消するため、これがその答えである。23―24節のイエスは、弟子たちが「人の子」の再臨を「あそこ」や「ここ」という特定の場所に見ることはできないこと、そしてそのわけは再臨が大空の端から端へと輝く稲妻のように宇宙大の出来事だからだ、と断言している。この箇所での「あそこ」や「ここ」は、外的な地上世界の特定の場所を指している。このことにくれぐれも要注意である。問題の焦点は「人の子」イエスの可視的な再臨がどこで起きるかに絞られているのである。

ところが、続く25―35節のイエスの説明は、「人の子」の再臨が人間たちの間にどのように突然の分断を引き起こすかという問題に終始してしまっている。そのために、人々の日々のさまざまな営み（飲食、商売、共同の労働と眠りなど）が繰り返し描写される。その結果、イエスの説明は「どこで」の問題から外れてしまっている。

ルカ自身も自分の論述のこのズレに気づいたのである。だからこそ、結びの37節で弟子たちに「主よ、それはどこで〔起こるの〕ですか」と改めて問わせているのである。まさにそのためにこそ、ルカはQ資料にあった「禿鷲の言葉」を利用したのである。なぜなら、ルカはそれが一定の出来事が「あそこ」や「ここ」という場所の別を問わず、どこでも起きることを語る格言であることを、マタイと違って正確に承知していたからである。

22節が37節と連動して「囲い込み」構造を作り上げているとすると、22節はルカがそのために挿入した編集句である可能性がきわめて高くなる。事実、物語の場面上、先行する20―21節のイエスはファリサイ人の問いに答えているのに対して、続く22節は「それから、イエスは弟子たちに言われた」という文言でこれを一転させ、続く23―37節の段落全体をイエスが弟子たちに向けて語った講話に仕上げているのである。

22節がルカの編集句である証拠は他にもある。すなわちイエスの講話のその先は、「あなたがた〔弟子たち〕が、人の子の日々（聖書協会共同訳は「日」）の中の一日だけでも見たいと望む日々（聖書協会共同訳は「時」）が来る。しかし、見ることはできないだろう」

（大貫私訳）と続く。注目すべきは、ゴシック体で表した複数形の「日々」（ギリシア語はヘーメライ ἡμέραι）である。それはご丁寧にも二回繰り返されている。「人の子の日々の中の一日だけでも」という文言はぎこちなさも甚だしい。しかも、同じ複数形の「日々」（ἡμέραι）は、この後の23節以下の段落全体にわたって繰り返し現れる。

ルカはこの段落において、結びの37節以外に、どの部分でQ資料あるいはそれ以外の伝承を用いているのか。本論考では紙幅の制約から、この問題に深入りすることを控えざるを得ない。ただし、長年にわたるQ資料研究の蓄積を集大成してこの資料に属するすべての語録の順番と文言を仮説的に再構成しようという国際的プロジェクトが近年進展し、その成果が『The Critical Edition of Q』（以下「Q批評版」）というタイトルで二〇〇〇年に公刊されている（文末参照文献⑤、ドイツ語版は⑥）。それに準ずれば、目下の段落でもともとQ資料が単数形で「人の子の日」について語っていたのは、確実にはルカ福音書一七章30節に「人の子が現れる日にも」とある一箇所のみである。その他では26節と28節もおそらくQ資料に由来する。そこでも単数形であったところをルカが複数形の「日々」に変えたのだろう、と推測される。

当然ながら、単数形の「日」（ヘーメラ ἡμέρα）が定冠詞つきで用いられれば特定の一日を指す。それに対して、複数形で「日々」（ヘーメライ ἡμέραι）と言われる場合には、不特定の時間の幅が表現される。明らかにルカは、意識的に時間の幅を強調しようとしているのである。

そもそも複数形の「日々」という表現がルカ福音書に独特な用語法であることはよく知られている。ここで使徒言行録も含めたルカの二部作全体にわたってその用語法を網羅的に踏査する必要はないであろう。もっともよく知られた事例は「主の祈り」である。マタイ福音書六章11節では「私たちに日ごとの糧を今日お与えください」とあるが、それに並行するルカ福音書一一章3節では「私たちに日ごとの糧を毎日〔日々〕お与えください」となっている。マタイもルカもともに「主の祈り」をQ資料からもらってきているのであるが、明らかにマタイの方が元々のQ資料の文言をよく保存しているのである。そしてそれはさらに生前のイエス自身の言葉遣いにまでさかのぼると考えられる。元々は「今日一日」のパンを求める切実な祈りであったものが、ルカでは終わりなき日常の中での糧の問題に関心が移動している。

ルカ福音書一七章22節で導入され、それに続く段落全体にわたって繰り返し現れる複数形の「日々」が「主の祈り」のそれ（ルカ一一3）と異なるのは、より長い時間の幅を指していることだけである。それは「時代」と言い換えることができる。その証拠は、25節で「人の子」は再臨の当日に先立って、「しかし、人の子はまず多くの苦しみを受け、今の時代（τῆς γενεᾶς ταύτης）から排斥されなければならない（δεῖ）」と言われることである。これがルカの編集による挿入文であることは、この後すぐに述べるとおりである。その25節に「時代」という表現が出ることは決して偶然ではない。このことに照らすならば、「人の子の日々」、あるいは「人の子が現れる日々」とは、すでにイエスが刑死の後復活しているという確信（復活信仰）に到達している原始キリスト教が同じイエスが天から再び到来することを待望している時代のことである。福音書記者ルカ自身もその時代の一部なのである。

念のために付け加えると、「人の子の日々」、あるいは「人の子が現れる日々」は、文字通りに受け取られると、誤解を招く可能性がある。すなわち、あたかも「人の子」の再臨が特定の一日に実現されるのではなく、一定の期間の複数の「日々」にわたって繰り返し起きるかのように読まれてしまいかねない。しかしルカが言わんとするのは決してそういうことではない。「人の子」の再臨はどこまでも特定の「その日」（ルカ一七30参照）に起きることと考えられている。しかし、その特定の「日」に至るまでには、なお不特定多数の「日々」が待ち構えていて、そこで実にさまざまな出来事が起きてゆかねばならないのである。したがって、ルカが「人の子の日々」、あるいは「人の子が現れる日々」と表現するのは、「人の子」の再臨が実現するまでの世界史のことに他ならない。

そのことは、ルカ福音書九章51節の「イエスは、天に上げられる日々が近づくと、エルサレムに向かう決意を固められた」（大貫私訳）という文章からも証明される。この文章から始まって一九章の終わりまでは、イエスがエルサレムへ上る旅の「日々」を大きな枠組みとしている。それはルカ福音書にしか見られないものでルカ福音書の「大旅行記」と呼ばれる。ルカはその中にさまざまな場面を組み込んでいる。本論考が集中的に問題にしているルカ福音書一七章20―37節の段落も丸ごと全体がその一部とされている（一七11参照）。ルカはその大旅行の要所要所で、イエスと弟子たちがエルサレムに上る途中であることを読者に想起させている（九57→一〇38→一三22→一七11→一八31→一八35→一九1

―2↓一九11↓一九28―29↓一九37↓一九41↓一九45)。ところが、大旅行記の冒頭九章51節では「天に上げられる日々が近づくと」と言われる。「天に上げられる」とは、言うまでもなくルカ福音書の最後の二四章50―53節で語られるイエスの昇天の出来事のことである。しかし、「天に上げられる日々」という言い方では、その昇天がそれ以前にも不特定多数回繰り返されるかのように感じられないだろうか。もちろん、ルカが言わんとするのはそういうことではない。ルカが考えるイエスの昇天は、当然ながらただ一回限りの出来事である。彼が九章51節で「天に上げられる日々」と言うのは、その一回限りの出来事までにさまざまな出来事を含めて経過しなければならない「日々」のことである。ルカが「人の子の日々」、あるいは「人の子が現れる日々」と表現する場合にも、事情はそれと同じである。

こうして、目下の段落ルカ福音書一七章23―37節におけるルカの編集作業の分析は、ルカが自分の現在を救済史・世界史の中でどう理解しているのかという問題、つまりルカの歴史神学全体との関係の分析を避けては通れないことになる。われわれがここまで分析してきたルカの編集作業は、福音書に使徒言行録を加えた二部作全体から読み取られるルカの世界史の神学と、どのように統合できるだろうか。

二・二　世界史の神学

ルカの世界史の神学については、私はすでに繰り返し語ってきた。最近のところでは、拙著『終末論の系譜——初期ユダヤ教からグノーシスまで』（筑摩書房、二〇一九年）の特に第XIII章を参照していただきたい。ここでは要点だけを繰り返せば、ルカの語り口の最大の特徴は一定の時間の幅、つまり期間を、隙間なくつなげていくことである。その例は、さまざまな幅で見られる。最大のものは世界史である。世界史（「この世」）の幅は天地創造（ルカ一1—50）から「人の子」の来臨に続く「来るべき世」（一八30および二〇34—35）の始まりに及ぶ。それは旧約聖書の時代、イエスが地上にいた時代、昇天から「人の子」イエスの来臨までの三つの時代に大きく三分される。そのすべての時代を貫いて、世界史は神のあらかじめの計画（使二23、三20—21）に従う摂理史として捉えられる。

ルカが一七章25節に、「人の子」は再臨に先立って「まず多くの苦しみを受け、今の時代（τῆς γενεᾶς ταύτης）から排斥されなければならない（δεῖ）」という編集句を挿入したのも、その摂理史観の一環に他ならない。ルカ福音書一七章23―37節に繰り返し出る「人の子の日々」はイエスの昇天から「人の子」の再臨までの「教会の時」、あるいは、同じことだが、全世界の異邦人に福音が宣べ伝えられる期間、すなわち「異邦人の時」(ルカ二一24)を指している。ルカ自身もその内の後一世紀の末に位置している。

この世界史の神学の枠内では、「人の子」の再臨は、世界史(「この世」)と「来るべき世」の境目におかれる。ルカが複数形の「人の子の日々」の間を縫ってわずかに残している単数形の「人の子の日」(あるいは「その日」)は、まさにその世界史の終わりにおける再臨を指していると考える他はない。ルカは一七章26―35節で、その再臨当日に人間の日常性と共同性が突然分断される様子を、Q資料以外の伝承も使いながら描き出しているのである。その筆致は実に黙示文学的である。明らかにルカは、終末時の異変そのものについては、Q資料を含めて伝統的な描写法を承知していたのである。

二・三　脱終末論化

ただし、念のために付言するが、ルカ自身にとっては、そのように描き出される「人の子」イエスの再臨も、もはや差し迫ったアクチュアリティー（今日性）を有するものではない。なぜなら、その再臨が目の前に切迫しているという待望をルカ自身はすでに過去のものとして放棄しているからである。彼は「人の子」イエスの再臨を世界史の終わりにおき直し、いったいそれが「いつ」なのかは、神のみぞ知る計画に丸投げして終わっている。22節で二回にわたって現れ、23節以後の段落でくどいほど繰り返される「人の子の日々」という独特な言い方によって、ルカは自分にとってもはやアクチュアリティーのない「人の子」待望を世界史の内部へ脱終末論化しているのである。それはルカ自身の現在も含めて「一日たりとも人の子を見ることができない日々」が果てしなく続く世界史のことであって、差し迫った近未来のことではない。

なお、ルカにとって「人の子」待望がすでにアクチュアリティーを失っていることは、使徒言行録六―七章でルカがステファノ殉教事件について行なっている報告から鮮明になる。この事件は原始エルサレム教会の歴史のきわめて早い段階で起きたもので、定説ではイエスの処刑後わずか二、三年（後三二年頃）のことであったとされる。ステファノは原始エルサレム教会の中で、日々の分配（食事）の世話のために「十二人」とは別に選ばれた「七人」の一人であった。そのステファノがユダヤ教徒たちの偽証によって、エルサレム神殿とモーセ律法を侮辱していると訴えられる（使六14）。それに抗弁してステファノは長い演説を行う。それは族長アブラハムから始まるイスラエルの一連の救済史をソロモンによる神殿建設までたどった後、痛烈な神殿批判の言葉で結ばれる（七48—49）。その後、ステファノは天をみつめ、神の栄光と神の右に立っているイエスを見ながら、「天が開けて、人の子が神の右に立って（ἑστῶτα）おられるのが見える」（七56）と言って最期（石打ち刑）を遂げる。

私の見るところでは、この事件には生前のイエスが神殿倒壊を予言したことが影響を及ぼしている。イエスの神殿倒壊予言とは、イエスの裁判の場面の中のマルコ福音書一四章58節に保存されているイエスの言葉のことである。ルカ福音書はこれに並行する場面（二二66—71）ではイエスのこの予言を削除している。その代りに、前掲の使徒言行録六章14節で同じ神殿倒壊予言を、ユダヤ人による偽証によるものとした上で、ステファノの口に入れ直しているのである。ステファノが最期の直前、使徒言行録七章56節で「人の子が神の右に立っておられるのが見える」と言うのも、同じイエスの神殿倒壊予言の影響の延長線上で読むべきである。すなわち、「人の子」が神の右に「立っている」というのは、地上のエルサレム神殿を破壊（使六14に「この場所を破壊」とあることを参照）するために到来しようと、すでに立ち上がったということである。明らかにルカは、ステファノ殉教事件を生前のイエスの神殿倒壊予言（マコ一四58）が原始エルサレム教会の中で再び活性化された結果だと見ているのである。原始エルサレム教会は復活信仰成立後に生きていたから、再び待望されることとなった神殿倒壊は、当然ながら、復活・高挙のイエスが「人の子」として再び到来（再臨）することと同じ意味だったはずである。

ところが、ルカの立場から見れば、すでにエルサレム神殿はローマ軍と「神の怒り」によって倒壊したものの（ルカ二一20―24参照）、その時に「人の子」の再臨は実現しなかったのである。だからこそルカは、ステファノの最期の幻でも、「人の子」が神の右に「立っている」（使七56）と言うだけで、雲に乗って到来する様までは語らずに終わるのである。そのような到来の様について語るマルコ福音書一四章62節の予言をルカは読んで知っていたはずであるにもかかわらず、そうは語らないのである。

他方、使徒言行録七章56節はルカの二部作で「人の子」イエスについて語られる最後の箇所である。ルカはその最後の言及をステファノ殉教の場面の中で使徒言行録六章14節と関連づけることによって、この事件で頂点を迎えたイエスの神殿倒壊予言の再活性化に言わば「片を付けた」のである。「人の子」を立ち上がらせたままで終わってしまうルカの筆遣い（七56）は、現代の読者から見れば、何とも中途半端である。しかしルカに言わせれば、神殿倒壊予言の再活性化そのものが事実すでに中途半端で終わったのであるから、それ以上に適切な表現は見つからなかったことであろう。ルカにとって「人の子」再臨の待望がすでにアクチュアリティーを失っている所以である。

三　ルカ福音書一七章20―21節

以上で明らかになったように、ルカ福音書一七章22節は間違いなくルカの編集句である。その役割はここまで分析してきた一七章23―37節の段落全体を一七章20―21節と結合することである。この結合によって初めて、「神の国」あるいは「人の子」の到来は「ここにある」「あそこにある」と言って探し回るべきものではないというイエスの否定形の発言が、21節と23節に至近距離で並ぶ結果となったのである。

そうだとすると、ルカ福音書一七章20―21節はもともと何処にあったのか。それが現在おかれている文脈上の位置は、以上で示されたようにルカの編集（22節の編入）によるとしても、内容面から見るとき、ルカは何らかの伝承を用いているのではないのか。さらに言えば、それもQ資料の一部であったのではないのか。この点に関して、前述のQ批評版は、Qでの順番として、ルカ福音書一七章20―21節（マタ二四23）をルカ福音書一七章23―24節＋37節（マタ二四26―27＋28）の直前においている。しかし、もともとQ資料に帰属していた蓋然性は相対的に低いと見なしている。本論考ではこの点での判断を保留とするほかはない。

ここでの私にとって肝要なのは、すでに第II節で先取りして提示した結論を、以上の分析から導き出せるかどうか、この一点である。私は前節の途中（III一）で、23節で「人の子」の再臨の場所としてイエスが峻拒する「ここ」や「あそこ」が、外的な地上世界の特定の場所を指していることにくれぐれも注意が必要であると述べた（五三頁参照）。この表現では、「人の子」イエスの再臨は間違いなく可視的な出来事と見なされている。これとほぼ同じ表現が、もう一度繰り返すが、ルカ福音書一七章21節にも現れる。しかもルカはそれを意図的な編集作業によって至近距離に並べたのである。ということは、ルカは21節の「ここにある」「あそこにある」でも23節とまったく同じように、外的な地上世界の特定の場所を指しているはずである。その点には、二度の繰り返しによって意味上のズレはまったく生じていない。

ところが、イエスが外的な地上世界の特定の場所の探索を禁じる理由の違いが重要である。23節に直続する24節では、「人の子」の再臨は「稲妻がひらめいて、大空の端から端へと輝くよう」だというのがその理由である。これはすなわち「人の子」の再臨が宇宙大(cosmic)の出来事だということである。宇宙大の出来事を地上の特定の限れた場所に探しても意味がない。なぜなら、それは地上のどこからでも起き得るからである(E. Gräßer, Das Problem der Parusieverzögerung in den synoptischen Evangelien und in der Apostelgeschichte, Berlin ²1977, 171も同意見。P. Müller, Schnell und unausweichlich. Vom Aas und den Geiern: Q 17, 37/Mt 24, 28/ Lk 17, 37, in: R. Zimmermann [Hg.], Kompendium der Gleichnisse Jesu, Gütersloh 2007, 235–239. 特に238も参照)。

他でもないこの理由を駄目押しするために、ルカは「禿鷲の言葉」を講話の結びの37節においたのである。それは「禿鷲の言葉」がパレスチナのユダヤ社会にも受容されて人口に膾炙する前に、ギリシア・ローマ文化圏の格言として持っていた元来の意味を見事に活かす措置であった。「人の子」の出現は地上の特定の場所を選ばない点で、禿鷲がどこにでも出現するのと同じだと言うのである。

他方20―21節では、イエスが「神の国」を外的な特定の場所に探し求めることを禁じる理由は、「実に、神の国はあなたがた〔ファリサイ人〕の『エントス』ἐντός にあるからだ」とされる。これをルカが23―24節の直前においた意図を明確にできるのは、本論考の第Ⅰ節で紹介した先行研究の内の⑵でも⑶でもない。なぜならこの二つの訳では、八木誠一の前掲の表現を借りれば、「やはり、見よ、ここにある、あそこにある、といえる」ことになってしまうからである。それに対して、⑴の訳を採れば、後に続く23―24節とのコントラストを浮き彫りにすることができる。すなわち、「神の国」（ルカにとっては、「人の子」の再臨と同じ）は「あなたがたの内面（ἐντός）にある」（21節）。それゆえ、その到来は人間の「目に見えない」（20節）ということである。

こうしてルカは「神の国」(および、同じことだが、「人の子」)の到来を外的世界の中の特定の場所へ限定することを、一方(24節と37節)では宇宙大の可視性から、他方(21節)では内面的不可視性から、この両サイドから同時に峻拒するのである。

四　むすび

この結論はすでに第II節の末尾で先取りして提示したものと同じである。それに続く第III節がここまで行なってきた分析はその妥当性を論証するに十分であると信じたい。念のために本論考の副題に含まれるルカ福音書一七章21節の ἐντός に焦点を絞って言い直せば、この ἐντός はルカが一七章20―37節の段落全体を現在読むことができる形に最終的に仕上げた編集意図に即すかぎり、かつての古典的解釈(1)に準じて「内面に」と訳すべきである。

四・一　あり得べき疑問

ただし読者には、この結論はルカ福音書の物語の文脈ではたして妥当なのか、という疑念が残るかも知れない。すなわち、その文脈では、問題の「内面に」はファリサイ人の「内面に」を指すことになるが、それは使徒言行録を含めた二部作全体から読み取られるルカの「ファリサイ人」像に適合するのか、という疑念である。しかし、そのような疑念は無用であり、前述の結論は妥当だというのが私の回答である。

その最大の根拠は聖書協会共同訳が「〈ファリサイ派の人と徴税人〉のたとえ」という小見出しをつけているルカ福音書一八章9―14節である。この段落は、その小見出しのとおり、神殿で神の前に祈るファリサイ人と徴税人を対照させている。一読して明らかなように、そのファリサイ人はきわめて型紙通りに描かれる。彼の祈りは自分の敬虔さを誇る祈りである。その祈りをルカはギリシア語で「プロス　ヘアウトン」（πρὸς ἑαυτόν）と表現している（一八11）。多くの日本語訳がこれを「心の中で」と訳しているのは妥当だと思われる。ルカによれば、ファリサイ人の心の内側とはそのようなものなのである。

しかもこの祈りを含むルカ福音書一八章9―14節の段落は、途中にたった一つの段落

「〈やもめと裁判官〉のたとえ」（一八1—8）を挟むだけで一七章20—37節の直後におかれているのである。ルカが一七章21節で「あなたがたの内面に」と書いた時点で、すでに一八章11節のファリサイ人の心中の祈りがルカの念頭にあったと見ることも可能だと私には思われる。「神の国」がファリサイ人の「内面に」あるという文章には明らかにルカの皮肉が込められているのである。

さらにルカ福音書一一章39—40節には、「あなたがたファリサイ派の人々は、杯や大皿の外側（τὸ ἔξωθεν）は清めるが、自分の内側（τὸ ἔσωθεν）は強欲と悪意で満ちている。愚かな者たち、外側を造られた方（神）は、内側もお造りになったではないか」というイエスの言葉がある。これもQ資料に由来するもので、マタイ福音書二三章25—26節と並行している。そのマタイ福音書二三章26節は「杯の内側」に、ルカ福音書一七章21節と同じギリシア語（τὸ）ἐντός を当てている。これはルカ福音書一七章21節を「内面に」と訳すための少なくとも傍証にはなり得るであろう。

四・二　史的イエスに向かっての問い返しとの区別

読者の方々には、さらにもう一つ疑問があり得るかも知れない。すなわち、第II節「本論考の課題」の始めでは、ルカ福音書一七章21節の「エントス」ἐντός について、私自身はこれまで(3)の解釈に賛同して「あなた方の手が届く範囲に」と訳してきたことを報告した。そのことと今確認した結論はどう整合するだろうか。

この疑問にも私は明瞭に答えることができる。新約聖書、その中でもとりわけ福音書の研究では、そもそも伝承と編集を区別して分析を進めることが不可欠である。本論考も終始その立場に即してきた。この観点からすると、一定の文言（たとえばルカ一七21の ἐντός）が伝承の段階で意味していたことが、それぞれの福音書の著者が行なった編集の段階でそれに新たに込めた意味とつねに連続するとは限らないのである。編集にはそれぞれの福音書の著者の解釈が働くから、意味のズレが生じる方がむしろ自然なのである。

その場合、日本語に限らず現代語への福音書の翻訳というものは、今現にわれわれが読むことができる形の福音書、すなわち、それぞれの福音書の著者の編集を経て最終的に出来上がっているテクスト（本文）での意味を訳出しなければならない。それに対して、それぞれの福音書の著者以前の伝承の段階での意味、さらに場合によっては、その伝承の歴史をさかのぼり切ったところで史的イエス自身がそれに込めていた意味は、現にわれわれに与えられている最終本文からその背後へと「問い返す」仕方で探る他はない。その「問い返し」は絶対的な確実性を要求することはできず、多かれ少なかれ「さもありなん」(蓋然性)の限界内に留まらざるを得ない。このことは今更言うまでもない。

第II節の始めで報告したとおり、私がルカ福音書一七章21節のイエスの言葉を「あなたがたの手が届く範囲に」という意味に解釈したのは、もう一度繰り返すが、伝承史をさかのぼって「問い返す」史的イエス研究の土俵でのことである。それに対して今確認したばかりの結論は、ルカの編集の土俵に焦点を絞った研究の結論なのである。同じ文言でも、二つの土俵の上で意味が変わることに何の不都合もない。したがって、私は史的イエス研究の枠内では、ルカ福音書一七章21節の「エントス」ἐντόςを「あなたがたの手が届く範囲に」と訳し続けることに、今のところためらいはない。ただし、この解釈も蓋然性の限界を免れていないのであるから、今後も繰り返し吟味し直されなければならない。

私の場合、その吟味は前述したイエスの「神の国」のイメージ・ネットワークとのつながりという観点から行われることになる。その際に最も重要な手がかりとなるのは、「わたしが神の指で悪霊を追い出しているのなら、神の国はあなたがたのところに来たのだ」というルカ福音書一一章20節のイエスの言葉である。これはいわゆるベルゼブル論争の途中に置かれているイエスの発言で、マタイ福音書一二章28節に並行句があるからQ資料にさかのぼることが明らかである。注目に値するのは、ルカとマタイの両方に出てくる「神の国はあなたがたのところに来たのだ（ἔφθασεν ἐφ᾽ ὑμᾶς）」という文章である。このギリシア語のニュアンスには、ルカ福音書一七章21節の「神の国はあなたがたの間にあるのだ」あるいは「あなたがたの手が届く範囲にあるのだ」と実に近いものがある。事実、ルカ福音書一七章21節の背後には、ルカ福音書一一章20節／マタイ福音書一二章28節と同系統のイエスの語録伝承が潜んでいると見るのが研究上の多数意見である。それは当っているように私にも思われる。そうだとすると、ルカ福音書一七章21節の「エントス」ἐντός の意味としては、本論考の第I節で紹介した先行研究における⑵あるいは⑶の解釈が当たっている蓋然性が大きくなる。しかしその論証には独立の周到な研究が必要である。

【付記】

私は二〇二三年一一月一一日に上智大学キリスト教文化研究所主催の聖書講座「宗教と終末論」において、「神の国はあなたがたの〈内面に〉――ルカ福音書一七章21節のἐντόςについて」と題してオンライン方式の講演を行った。本論考はその講演に随所で読者のための説明的な補充を施したものである。当日の講演に続いて行われた質疑応答の中では、川島重成氏（国際基督教大学名誉教授）から大略次のような趣旨の発言があった。すなわち、私（大貫）の結論は、ルカ福音書一七章21節の「エントス」ἐντόςを伝統的な解釈(1)に沿って「(あなたがた)の内面に」の意味に取ることによって、「神の国」の「不可視性」を指示する。しかし同じ不可視性は現在の多数意見である解釈(2)でも確保されているのではないか。川島氏自身はそう考えて、これまでどおり(2)の「(あなたがた)の間に」を支持するという発言であった。私はこれに対する応答として、ここで新たに次の二点を指摘しておきたい。

（1）一つは用語法にかかわることで、ルカには「〜の間に」を表現するための特有の定型句がある。それは「エン・メソー」ἐν μέσῳという文言である。ルカ福音書二章46節では「真ん中に座って」、八章7節では「茨の中に落ち」、二一章21節では「ユダヤの中心部にいる人々は」という言い方で繰り返し用いられている。したがって、仮にルカが一七章21節で、解釈(2)のように「あなたがたの間に」と言いたいのであれば、同じ定型句が用いられるはずである。

（2）ただし、川島氏の言わんとするところはおそらくそのような言語レベルを超えたものである。つまり、ルカ福音書一七章21節の「あなたがたの間に」は外在的で可視的な所在にかかわるものではなく、むしろイエスを中心において現に成り立っている人間相互の関係性を指しており、その関係性は目に見える次元に尽きるものではない、これが川島氏の見方だと思われる。

注意すべきは、この見方では、ルカの編集作業という限定を超えて、より普遍的な解釈の問題への移行が始まっていることである。つまり、ルカ福音書一七章21節の「あなたがた」が人間一般の意味に、「あなたがたの間に」が人間相互の関係性の意味に、普遍化されていくことである。たしかにそのような普遍化は、前述の史的イエスの「神の国」のメッセージへの「問い返し、およびそれを現代に向けて受け取り直す課題にとっては、きわめて重要であり、避けては通れない。その次元で私は川島氏の見方に異存がないどころか、大いに可能性があると思っている。ただし、その可能性を論証するためには、ルカ福音書一七章21節がどこまで生前のイエスの言葉なのか、またその元々の言葉遣いはどういうものだったのか、細かく分析することから始めなければならない。

興味深いことだが、ベルゼブル論争の記事の中に書き留められている「わたしが神の指で悪霊を追い出しているのなら、神の国はあなたがたより先にすでに来ているのだ(ἔφθασεν)」(ルカ一一20、大貫私訳)というイエスの言葉は、ルカ福音書一七章21節と同系統の伝承と考えられているにもかかわらず、ファリサイ派ではなく「群衆」(ルカ一一14参照)に向けられている! つまり同じ「あなたがた」という言い方でも、一七章21節でファリサイ人を指している「あなたがた」からずれているのである。可能性としては、一七章21節の「あなたがた」も元来は「群衆」を指していたのかも知れない。仮にそうであったとすれば、一七章21節の「あなたがた」を人間一般の意味に、「あなたがたの間に」を人間相互の関係性の意味に普遍化する解釈(2)のチャンスが大きくなる。反対に、同じ「あなたがた」でファリサイ人を指している現在の一七章21節の文脈は、福音書記者ルカの編集によって初めて作り出された蓋然性が高くなる。

いずれにせよ、ルカは自分の福音書物語の枠内では、一七章21節の「あなたがた」でファリサイ人を指しているのであり、一一章20節のように「群衆」を指しているのではなく、ましてや一足飛びに人間一般を指しているのではない。今回の私の講演とこの論考は、繰り返しになるが、あくまでもルカの編集のレベルに集中しているのである。一七章21節の「あなたがたの内面に」がファリサイ人へのあてつけを含んでいると私が結論で述べたのもあくまでその枠内でのことである。

Ⅳ　トマス福音書語録三と一一三への影響史

最後にもう一点、われわれの結論がトマスによる福音書語録三および一一三の解釈に及ぼす影響について短く触れておきたい。二つの語録の全文を引照する紙幅はないので、荒井献『トマスによる福音書』（『新約聖書外典　ナグ・ハマディ文書抄』、岩波文庫、二〇二二年所収）の該当箇所を参照していただきたい。ここでは私の発表との関連で興味深い文章だけを抜き出すと、語録三では「そうではなくて、御国はあなたがたの直中に（＝内面に）ある。そして、それはあなたがたの外にある」とあり、語録一一三では「それは（中略）『見よ、ここにある』、あるいは、『あそこにある』などとも言えない。そうではなくて、父の国は地上に拡がっている。そして人々はそれを見ない」とある。

重要なのは、二つの語録を総合すると、「御国（神の国）」は地上の人間の内側（直中）と外側の両方にわたって普遍的に広がっていることになる点である。私が本論考で用いた用語を繰り返せば、それは世界中どこにでも広がっているということである。このように「神の国」の内面性と外面性を同時に語る点で、二つの語録はルカ福音書一七章20―37節におけるルカの考え方に連続している。ルカ福音書一七章20―37節が「神の国」の内面性と外面性について同時に語るのは、本論考が明らかにしたとおり、ルカの編集（具体的には一七22の挿入）による結果であった。とすれば、トマス福音書の二つの語録がこの点で示す連続性は、トマス福音書の編著者がルカ福音書の一七章20―37節をルカの編集を経た現在の形で前提している可能性を示唆するであろう。そして、一七章21節の「エントス」

ἐντός が「内面に」を意味していることのもう一つの傍証にもなるであろう。

もちろん、トマス福音書の立場は基本的にグノーシス主義であるから、「神の国」の内面性と外面性もグノーシス主義的に再解釈されることになる。その際、「あなたがたの内側（直中）に」は再解釈の度合いが低くて済む。なぜなら、それが人間の「心の中」を指すことは、トマス福音書の場合もルカ福音書一七章21節と変わりがないからである。グノーシス的な再解釈がより必要になるのは、「あなた方の外に」の方である。具体的には、語録一一三で「父の国は地上に拡がっている。そして人々はそれを見ない」と言われるのは、「父の国」、つまりグノーシス主義の意味での人間の神的本質がどの人間の中にも遍在しているのに、そうと認識されない（「人々はそれを見ない」）ままとなっている。それが地上世界の現実だ、ということであろう。あるいは、同じ神的本質は人間の枠を超えて、動植物も含む万有・万物の中にも遍在するということ、つまり一種の万有有魂論（宇宙論的アニミズム）を意味するものかも知れない。事実、トマス福音書の語録七七では、イエスが「私は彼らすべての上にある光である。私はすべてである。すべては私から出た。そして、すべては私に達した。木を割りなさい。私はそこにいる。石を持ち上げなさい。そうすればあなたがたは、私をそこに見いだすであろう」と語っている。ここに表明されているのはマニ教に独特な宇宙論的アニミズムと見做すべきである。その詳細な論証を私はすでに「トマス福音書語録七七とグノーシス主義のアニミズム」と題する論考で試みている（拙著『グノーシス研究拾遺』ヨベル、二〇二三年、論考Ⅲ）。その論証の当否はここでは問わないが、ルカが一七章37節で「禿鷲の言葉」を活用して打ち出した「神の国」（人の子の再臨）の宇宙的な規模がトマス福音書の語録三と一一三においてグノーシス主義的に解釈され直されていることは明らかである。

ただしトマス福音書には、語録三と一一三以外にも、現在の正典福音書に現れるイエスの言葉と程度の差はあれ、文言上の重なりを示す語録が他にも多数含まれている。それらすべても語録三と一一三と同じように、並行する正典福音書よりも年代的に遅く、それを直接あるいは間接に前提していると見做すことはできない。研究上の定説に従えば、その逆の場合、すなわちトマス福音書の方が正典福音書の並行記事よりも伝承史的に古い形をとどめている場合も少なくないのである。つまりこの問題については、該当するトマス福音書の語録一つ一つについて個別に研究することが必要になる。

語録三と一一三および語録七七にマニ教の影響が及んでいるという私の見方についても事情は同じである。現在われわれに完全な形で残されているトマス福音書は、ナグ・ハマディ文書第二写本に収められたコプト語写本ただ一つのみである。そのコプト語写本は後四世紀に制作されたものである。それ以前には、後二世紀前半に成立したとされるギリシア語原本から始まってコプト語への翻訳までの長い写本伝承のプロセスがある。その途中では何度も新たな写本の制作が繰り返されたはずである。ナグ・ハマディ文書第二写本に収められたトマス福音書は最後の唯一の生き残りに他ならない。その長い写本伝承の途中のどこかで、マニ教徒による編集あるいは改竄の手が加わったとしても不思議ではない。後四世紀のナイル河流域にはマニ教が広範に伝播し、強い影響を揮っていたことは、さまざまな証拠に照らして紛れもない事実だからである。そのマニ教の影響がナグ・ハマディ文書第二写本のトマス福音書にどう及んでいるかは、個々の語録ごとに吟味されるべき問題であって、すべての語録について一概に扱うことができない。逆にトマス福音書のすべての語録を一括してマニ教の影響が及ぶ以前の段階に位置づけ、思想的にも文献学的にも統一的な解釈が可能だ、と見るのは明らかに誤りなのである。

参照文献

研究文献は本文中の（　）内に小活字で表示したので、ここでは一次資料のうち主要なもののみを挙げる。

①Nestle-Aland, Novum Testamentum Graece, 28. Auflage, Stuttgart 2012.
②Biblia Sacra Vulgata, ed. R. Gryson, Stuttgart 1969.
③Die Lutherbibel, Stuttgart 2017.
④Origenes, Matthäuserklärung III: Fragmente und Indices, 1. Hälfte, hrsg. von E. Klostermann, (GCS XII), Leipzig 1941.
⑤Robinson, J. M./Hoffmann, P./Kloppenborg, J. S. (ed.), The Critical Edition of Q: Synopsis Including the Gospels of Matthew and Luke, Mark and Thomas, with English, German and French Translation of Q and Thomas, Leuven-Minneapolis 2000.
⑥Hoffmann, P./Heil, Ch. (Hgg.), Die Spruchquelle Q. Studienausgabe, Griechisch und Deutsch, 3. Aufl., Darmstadt-Leuven 2009.

⑦ Plutarch, ΑΙΤΙΑΙ ΦΥΣΙΚΑΙ Quaestiones Naturales, in: Moralia Vol. XI, Loeb Classical Library, trans. L. Pearson/ F. H. Sandbach, 1965, p.131–229.

⑧ Lukrez, Von der Natur, Lateinisch–deutsch, hrsg. und übers. von H. Diels, München 1991 (1.Aufl.1923–1924).

破局のなかの希望
――よみがえる終末論

福嶋　揚

一　自己紹介と問題関心

はじめに自己紹介を交えつつ、問題関心を説明しておきたい。

筆者は東京で生まれ育ったが、原発事故やコロナ禍をきっかけとして、大都市での生活に危機感を覚えて、八ヶ岳山麓へと移住した。この一帯はもともと母方の親族が住んできた地域であり、その縁で幼少期から避暑地としてたびたび訪れてきた場所だった。この過疎地を拠点の一つとして、地域の歴史や生態系に根差した何らかのゆるやかなネットワークをつくりたいと願っている。

また、二〇二四年から三重県の愛農高校の理事・評議員を務めることになった。同校が創設以来掲げてきた三愛精神——「神・人・土を愛せ」——に共鳴しながら、活動したいと願っている。さらにもう一つ、父方の故郷である秋田県の森吉山で、マタギの人々の活動に学びながら里山を保全したいと願い、わずかに活動を始めたところでもある。つまり、農耕と狩猟採集という、人間の生存に必要不可欠な二つの原点に立ち返って、現代文明を見直したいと考えている次第である。

ところで「揚」という名前は、労働運動に携わる共産党員の弁護士であった父親が「資本主義を止揚する」という願いをこめてつけたものである。そのような家庭で生まれ育ったため、巨大企業や国家権力を批判的に見る姿勢を無意識に受け継いできた。

とはいえ、一九九〇年頃に東西冷戦が終結して、従来の「共産主義」や「社会主義」が敗北した時代状況のなかで、そのような姿勢はいつしかうやむやになっていった。ベルリンを東西に分断していた壁が消滅し、旧ソ連を頂点とする東欧の社会主義国家が次々と瓦解し、アメリカを頂点とするグローバル資本主義文明の勝利が喧伝された二十世紀末、筆者は大学に入学して、倫理学を専攻した。けれどもいつしか目標を喪失して、迷走し、精神を病んだ挙句、偶然訪ねるようになったプロテスタント教会で洗礼を受けた。

キリスト教徒になったからには、倫理学にとどまらず神学を学ばねばならないと考えて、ドイツに留学した。それはドイツ神学がまだ世界的な影響力を持ちえた最後の時期であったかもしれない。とりわけテュービンゲン大学において、組織神学の重鎮であったエバーハルト・ユンゲルやユルゲン・モルトマンから「終末論（Eschatologie）」の重要性を学んだ。バルト神学の緻密な読解者でもあるユンゲルが行った最終講義『終末論』（二〇〇二―三年冬学期）は、筆者の神学的な教養形成に大きな影響を与えた。やがてテュービンゲン大学からハイデルベルク大学に移り、モルトマンの後継者でもあるミヒャエル・ヴェルカー教授の下で、バルトの死生観を研究した。ヴェルカー教授は同大学のコロキウムで、刊行されたばかりのバルトの「終末論」講義をいち早く取り上げた。これはバルトが一九二〇年代に行った講義で、生前は未刊行であった原稿が、新たにドイツ語のバルト全集に加えられたものである。さらに帰国後しばらくたってから、モルトマンの『希望の倫理』（新教出版社、二〇一六年）を翻訳したことも、終末論の重要性を改めて認識する機会となった。

それらの神学的な学びは、やがて社会の動向と切り結ぶようになった。というのも、今世紀に入ってから、あたかも「終末」を予感させるかのような様々な破局的な危機が差し迫ってきたためである。ただし「終末」という概念については、そのような通俗的な語り方ではなく、より慎重で厳密な使い方が必要であることを後ほど説明しなければならない。一言で言えば、「破局（catastrophe）」と「終末（eschaton）」を明確に区別しなければならないのである。

二〇一一年には東日本大震災と福島第一原発事故が起きた。これは文字通り、日本国家が滅亡する一歩手前の出来事だったが、幾重にも偶然が重なって間一髪それを免れた。当時首相であり事故対応の最高責任者だった菅直人氏の手記は、そのような事態の経緯を克明に証言している（『東電福島原発事故——総理大臣として考えたこと』幻冬舎、二〇一二年）。事故そのものは今なお収束にはほど遠く、国家滅亡の危機も決して過ぎ去ってはいない。それどころか様々な大地震や、それによる次の原発事故が起きる危険も切迫している。富士山噴火の危機も忘れてはならないだろう。さらに二〇二〇年からはコロナ禍が世界を席巻して、日本を直撃した。第二、第三のパンデミックが襲ってくることも予想される。気候変動やエコシステムの破壊は、地球規模で進行する一途である。

こうした様々な出来事がきっかけとなって、経済成長を求めて東京のような巨大都市へと一極集中を続ける日本国家の方向性に対して、筆者は深い疑問を抱くようになり、東京から地方の過疎地へと拠点を移動することにした。またそれとともに、自らが父から受け継いだ資本主義批判のエートスを改めて自覚するようになった。

経済成長を求め続ける国民国家という、人々がこれまで大前提としてきた仕組みが機能不全に陥って、いよいよ崩壊し始めたのではないか。それにもかかわらず、資本と国家という巨大システムは、絶望的なまでに延命を図ろうとしているのではないか。それがもたらす避けがたい破局を予期しながら、私たちはいかにして生き延びることができるのだろうか。破局を超えてどのような新しい世界のヴィジョンを描くことができるのだろうか。それが「破局のなかの希望」という表題にこめた問題関心である。

二　破局のなかの希望

この言葉は、拙著『カール・バルト――破局のなかの希望』(ぷねうま舎、二〇一五年)の副題をそのまま用いたものである。同書は、原発事故と大震災を時代背景としつつ、バルト神学を読解したものだった。そもそもキリスト教神学が拠って立つ旧新約聖書は、イスラエル民族の破局的な経験、とりわけ南北王国の滅亡やイエスの十字架刑といった出来事を通して生まれた、未来への希望に貫かれた書であると言ってよい。神学界においては、二度の世界大戦の経験を通して、終末論の思想が活性化した。バルトは第一次世界大戦の経験を経て、終末論がキリスト教にとって欠くべからざる思想であることを再発見した一人である。さらにポスト・バルト世代のモルトマン、ユンゲル、パネンベルクといった神学者たちも、いずれもそれぞれの仕方で終末論を展開していった。

「破局のなかの希望」をキーワードにして、二〇二三年には繰り返し執筆や講演を行った。例えば、新教出版社が刊行する月刊誌『福音と世界』誌上で、「破局」をテーマにして、何度か特集を企画編集した。同年四月号では「戦争と破局」、七月号では「破局と希望」、十月号では「飢餓と食物」、そして翌二〇二四年一月号では「原子力と再生可能エネルギー」を特集した。その他にも、様々な教会や学会で「破局のなかの希望」をめぐって、繰り返し講演をしてきた。環太平洋の神学者会議では「日本の視点から見た戦争と破局（War and Catastrophe from a Japanese Perspective）」という講演も行った。また東京大学大学院の死生学・応用倫理センターでは「破局のなかの希望——人新世の倫理・経済・宗教」という講義も行った。本稿の内容は、そうした一連の講演や講義の一環として、上智大学で行った講演に基づくものである。それゆえに他の機会に話したり書いたりしたことがらと重複せざるをえないことをお断りしておきたい。

さて「破局（catastrophe）」を「崩壊（collapse）」と言いかえてもよい。この「崩壊」という言葉は『崩壊学——人類が直面している脅威の実態』（パブロ・セルヴィーニュ／ラファエル・スティーブンス著、鳥取絹子訳、草思社、二〇一九年）から取り入れたものである。同書において「崩壊」とは、金融経済および化石燃料という現代文明の二つの原動力が損なわれることによって、国民国家のなかで生活必需品（水、食料、住居、衣服、エネルギーなど）が十分に供給されなくなる状況を意味している。

このような深刻な事態は、どこか遠い途上国の出来事ではなくて、今や日本に差し迫った危機である。地方の過疎地ほど、何らかの災害が起きるたびに、そのような「崩壊」、つまり公助から見放された窮乏状態に陥りやすい。この原稿を執筆中にも、八ヶ岳山麓では大雪や多数の倒木によって長時間の停電が発生し、極寒にもかかわらず復旧するまでかなりの時間がかかった。こうした自然災害や、公助の遅延や欠落は、今後さらに深刻化してゆくだろう。

また農業学者の鈴木宣弘氏の『世界で最初に飢えるのは日本』（講談社、二〇二二年）によれば、食糧自給率の低い日本では、ひとたび戦争やパンデミックや経済恐慌に直面すれば、国民の多くが飢餓に陥る。鈴木氏は、対米従属のもとで防衛費を増大させる国政を批判し、地産地消の食料自給こそが真の国防であることを力説する。さらにまた、冒頭でも言及した愛農高校の活動に深く賛同している（『愛農』誌二〇二三年十一・十二月号に掲載された同氏の講演「迫る！日本の食糧・農業危機――食と命を守るのは愛農のみなさん」を参照）。

破局的のなかで生き延びるためには、旧約の預言者たちが体現したような、およそ望ましくない最悪の事態を前もって想定する一種の「悲劇的な想像力」が必要である。最悪の状況を事前に想定していれば、たとえそれが到来したとしても、ハード・ランディングではなくソフト・ランディングへと緩和することができるだろう。逆にそうした想像力を欠くならば、事態をただ楽観的に見積もり続けて、その結果いっそう悪しき事態をもたらしかねない。

もちろん最悪の未来を想定して直視することは、決して容易なことではない。それは自らの来るべき「死」に向き合うこととも似ている。かつて精神科医エリザベス・キューブラー＝ロスは、死にゆく者が辿る精神的な五段階について語った（『死ぬ瞬間――死にゆく人々との対話』川口正吉訳、読売新聞社、一九七一年）。『崩壊学』の著者は、その五段階をさらに社会の崩壊へと応用する。つまり人々は崩壊を「否定（denial）」し、崩壊に対して「怒り（angry）」を覚え、崩壊を遅延させる「取引（bargaining）」を試みるものの、やがて「抑鬱（depression）」におちいり、事態を「受容（acceptance）」せざるを得なくなる。そして、長く続く崩壊のなかを生き延びていくことになる。

そのような崩壊のなかで、かりそめの慰めではなく、より確かな未来への希望のようなものが果たして残されているのだろうか。絶望を通して見出される希望があるとすれば、それは十字架の死を通しての復活に譬えうるかもしれない。そもそも旧新約聖書に基づくユダヤ教やキリスト教は、破局の経験を通して、すなわち国家の滅亡やイエスの処刑をくぐりぬけて、生成し発展してきた。その意味で、破局のなかの希望を語る「終末論」は、古代の神話的思想であるにとどまらず、実はきわめて現代的な意義を持っていると言ってよい。それは既存の宗教の枠を超えて、世界史の構造的必然性のゆえに回帰することを後ほど見てゆくことにしたい。

なお破局について考えるには、宗教や思想だけでなく、文学や映像なども手がかりとなることを付け加えておきたい。聖書の終末論的思想や黙示文学に影響された芸術作品は、キリスト教文化圏には多数存在する。もちろんそのような思想が原理主義的に歪められて悪影響を及ぼす事例も多数存在することには注意しなければならない。特に「終末」があたかも自力で計画的に実現できるかのように矮小化される時、様々な危険が生ずる。

筆者は破局を思い描く時、しばしばコーク・マッカーシー作『ザ・ロード』（ピューリッツァー賞を受賞した小説と、その映画）を思い浮かべる。『ザ・ロード』は、核戦争によって寒冷化した地上で生き延びる人々の物語である。映画の一場面では、エレミヤ書一九章6節の「殺戮の谷」という言葉が登場する。『ザ・ロード』は現代文明の破滅を容赦なく描く一方で、血縁を超えて助け合うコミュニティに人々が生き延びる希望を託す物語である。これは後ほど言及する「コモンズ」の具体例と言ってもよい。

あるいは宮崎駿監督による一連の作品群も、まさに「破局のなかの希望」を描き続けてきた。例えば映画『もののけ姫』は、人間界の争いと自然界からの報復が絡まり合ってエスカレートし、最後に大破局を迎えた後、焼け野原から世界の再生が始まるところで幕を閉じる。宮崎監督は、そのラストシーンが華々しい復活ではなく「なさけない再生」を描いたものだと語っていた。

三　終末論とは何か

三・一　神学の一分野としての終末論

さて終末論とはそもそも何であるか、キリスト教神学の視点から、特にプロテスタント神学の観点から、説明しておきたい。

まずは神学全体の内部における終末論の位置を見ておきたい。神学は、キリスト教のいわば自己検証の学である。キリスト教が何に拠って立つのか・何を宣べ伝えるのか・いかに宣べ伝えるのかを論じるのが、聖書研究・組織神学・実践神学である。またそれらを補助する学としてキリスト教史（教会史や教義史）の研究がある。そのなかでも組織神学は、教義学と倫理学を含む。教義学はさらに、神論、創造論、キリスト論、和解論等々といった諸分野から成り立っている。その教義学体系を最後に締めくくる教説が、終末論（eschatology）である。

この終末論（ラテン語ではeschatologia）という概念それ自体は、宗教改革を継承する古プロテスタンティズムによる造語である。それは「最後のものごとについて（De novissimis）」の教説とも呼ばれる。例えばルター派正統主義の神学者ヨハン・ゲアハルトは、自らの教義学書体系を「最後のものごとについて」の叙述で締めくくる。ゲアハルトはその際、旧約聖書外典のシラ書七章36節「何ごとをなすにも、お前の人生の終わり（ギリシア語のeschaton、複数形はeschata）を心にとどめよ」を典拠とする。ゲアハルトの後継者たちはそれをふまえて「終末論（eschatologia）」という造語を用いたのである（Markus Mühling, Grundinformation Eschatologie. Systematische Theologie aus der Perspektive der Hoffnung, Göttingen 2007, 17）。

このような語源が示す通り、終末論は人生の終末としての死を論ずる思想、死を通して生を見直す思想である。とはいえ、終末論が扱う内容は、そのような個々人の死や生（あるいは来世）といったことがらにはとどまらない。終末論的な思想は、その概念自体の成立よりもはるかに古く、旧新約聖書が語り伝える「破局のなかの希望」にまで遡ることは、すでに述べた通りである。終末論は聖書を典拠としつつ、最後の審判、死と復活、永遠のいのちといった様々な内容を論ずる思想、ひいては世界史の向う究極の目的や理想を論ずる思想である。それは神学以外の哲学や歴史学や自然科学などとも交流しつつ、多種多様な展開を遂げながら、今日に至っている（The Oxford Handbook of Eschatology, Edited by Jerry L. Walls, Oxford University Press 2008.）。

三・二　破局は終末ではない

ここでキリスト教神学の視点から、「破局（catastrophe）」と「終末（eschaton）」の違いを説明しておきたい。

自然災害であれ社会の混乱であれ、ひとびとはそれらの破局的な出来事を「天罰」等とみなすことがある。けれども、原発事故であれパンデミックであれ、それらの出来事を超越的に意味づけて解釈すること、たとえばそこに「神」なるものの意志を読み込む言説は、まずさしあたり不必要である。そのような空想にふける前に、なぜ原発事故が起きたのか、なぜパンデミックが起きたのかという具体的原因の究明に努めなければならないことは言うまでもない。科学的世界観が重視される現代においては、宗教者であろうと非宗教者であろうと、世界内事象の具体的認識に関しては何ら本質的な違いはない。

キリスト教的な世界観に固有なのは、その世界内事象の総体を根底において成立せしめるような原根拠、あるいはその総体が向かい収斂する地平を想定することである。そして、そのように想定された未来の地平から、現在の行動を規定して奨励することである。

カントの論理学になぞらえて言えば、キリスト教的世界観は「私は何を知りうるか？(Was kann ich wissen?)」という世界内の認識をふまえつつ、それにはとどまらず「私は何を望んでよいか？(Was darf ich hoffen?)」という希望を抱く。そしてそのような未来から逆に現在を照射して、今ここで「私は何をすべきか？(Was soll ich tun?)」という論理を導出する。これは、未来から現在をとらえ直すこと、未来を開示する福音から、現在の律法を奨励することである。このように福音が律法(倫理)を根拠づけることこそ、福音主義神学(通称プロテスタント神学)の根本思想である。言いかえれば、「神は愛である」という恩恵が、「隣人を愛せ」という戒めを動機づけるのである。

「私は何を望んでよいか？」という究極の希望をキリスト教は古来様々な仕方で言い表

してきた。紀元四世紀に定められたニカイア・コンスタンティノポリス信条は「我らは来るべき世の生命を待ち望む」という一節によって締めくくられる。また中世の使徒信条は「我は永遠の生命を信ず」という一節によって締めくくられる。これらの古典的な文書は、たとえ現在が死と罪悪と災禍に支配されているとしても、世界は生命と公正と平和が満ちあふれる、未だ見ぬ未来へと向かうのだという希望を表明している。終末論とはそのような希望の思想であると言ってよい。

終末論は安易な誤解や濫用に陥りやすい思想である。キリスト教文化圏ではない日本においてはその傾向が強い。例えば、テロ行為によってこの世の終末を実現しようとした犯罪集団が、終末思想の体現者であるかのように見なされてしまう。

けれどもキリスト教に固有な終末論（eschatology）とは、終末（eschata）を人間が自力でたぐり寄せることへの希望ではない。それはむしろ全く逆に「終末論的な留保」を意味する。つまり、現在におけるあらゆる事物は「究極のもの」ではなく「究極以前のもの」であり、今なお変化と改革へと開かれているという留保である。従って、終末論の逆説的な意義は、現在が決して終末ではないことを示すことにある。それゆえに、いかなる「破局」も「終末」ではないのである。

これと共に、キリスト教が、超越者を単に一神教的にではなく、三位一体論的に表象してきた点も重要である。それは、第一に創造者（父）、第二に和解者（子としてのキリスト）、第三に救済者（聖霊）という、三重の位格（ペルソナ）あるいは存在様式である。これに対応する被造世界の現実もまた、善きものとして無条件に贈り与えられ、人間によるいかなる棄損にもかかわらず修復され、まだ見ぬ完成へと至る、三重の動的な現実と理解される。

とはいえ、そのような三重の動的な現実とは、私たちがさしあたり目にする歴史的な現実とは異なるもの、既存の歴史の背後に隠された現実である。それは理論理性による証明の対象ではない。バルトの言葉を用いれば、それは「原歴史（Urgeschichte）」、不可逆的方向を持つ「原事実（Urfaktum）」である。そのような根源を想定することは、世界内のあらゆる失望と挫折を受け入れつつ保たれる、存在の善性に対する根源的選択としての信頼である。キリスト教が「信仰（fides）」と名付けるものは、このような「信頼（fiducia）」を具象化する、ひとつの伝統的な方法である。この信頼のことをカトリック神学者ハンス・キュンクは「根源的信頼（Grundvertrauen）」と名付けた。

もっとも、人間がこのような根源的信頼を持っているとしても、死と罪悪と災禍が織りなす複合的現実によって、打ちのめされ、恐れ慄くことは、何ひとつ軽減されない。むしろ、まだ見ぬ最善の未来と目前の悪しき現在との落差によって、失意や苦悩は一層深まるかもしれない。このような落差を「終末論的な差異」と呼ぶ。そのような差異があるにもかかわらず、今ある現在が人間にとっての最終妥当的な現実ではないことを望むこと、そしてそのような望みを有限な現実のなかに、たとえ僅かでも反映させるよう努めることが、キリスト教倫理の課題となる。現在から未来へと向かう原歴史の似姿あるいは類比を世界内の至るところに見出し、それを力の限り祝福し肯定し促進することこそが、希望に基づく倫理、福音に基礎づけられた律法であると言ってよい。

なお三位一体論における三つの位格（父・子・聖霊）は、各位格の相互独立と相互浸透とを特徴とする。ユンゲルは、そのような関係性の原像に基づき、いのちを「関係創造」と捉え、また罪悪や死を「関係喪失」と捉えた（本節三・二は、二〇一三年の『倫理学年報』に掲載した拙稿「原発震災下における黄金律の意義」に基づく）。

四　日常のなかの破局―平和のなかの戦争

さてここで神学的な議論をいったん離れて、改めて現代の危機的状況に向かい合うことにしたい。

「破局」は決して遠くの出来事ではなく、私たちの一見したところ平穏な日常のなかですでに確実に進行している。そのごく一例として、八ヶ岳山麓での日常を取り上げてみたい。筆者は幼少期から避暑地として同地を繰り返し訪ねてきたが、ここ数十年間で、森の動物、昆虫、植物が激減したことが、はっきりと目に見える。以前は夜になると、窓に色とりどりの大小さまざまな昆虫がはりつき、まるで昆虫大図鑑のような光景だった。けれども今日、夜になっても窓には数匹の小さな虫しか寄ってこない。それは、八ヶ岳山麓で進行している生物の大量絶滅をまぎれもなくつきつける光景である。

原因は恐らく、化学肥料や農薬を大量に散布する高原野菜の単一栽培の拡大や、リゾート地の大規模開発などであろう。工業化された農業は、生態系破壊の巨大な原因となる（マルクス『資本論』第一巻の一節「大工業と農業」がとりわけ示唆に富む）。効率的な大量生産のために均一化された巨大なモノカルチャーの畑では、外国人労働者たちが不安定な条件で働いている。

歴史を少しさかのぼってみれば、こうした高原野菜の栽培は、朝鮮戦争が勃発した一九五〇年代、米軍の要請によって本格的に拡大されたものである。この新しい産業は、それまで極貧だった高冷地に莫大な富をもたらした。けれども長期的に見れば、自然破壊の代償ははかり知れない。

このように、日常生活を少しでも観察すれば、そこで自然破壊、貧富格差、戦争遂行が結びついて進行していることを容易に知ることができる。生態系破壊、貧困、そして世界戦争は、現代世界を襲う三大カタストロフィー、すなわち多重危機《ポリクライシス》であると言ってよい。

昆虫の激減は、人類の滅亡への警告にほかならない。昆虫が減少すれば、植物の受粉や繁殖が不可能となる。有機廃棄物を分解して土に変えることもできなくなる。さらに昆虫は他の生物にとっての食物でもある。昆虫が減少すればそれを食べる鳥も減少する。ある調査によれば、陸上昆虫の数が十年ごとに九％減少している。少なくとも十種に一種は絶滅の危機にある。そして、一つの種の絶滅が他の種の絶滅をもたらすことによって、生物多様性は加速的に失われていく。こうして人類は地球上を生物の大半が生息するのに適さない場所へと変えてゆき、それによって自らの生存の土台を掘り崩しつつある（ジェイソン・ヒッケル『資本主義の次に来る世界』野中香方子訳、東洋経済、二〇二三年、一一一—一二頁）。

「六度目の大量絶滅」とも呼ばれる未曽有の事態が進行中であるにもかかわらず、それは人々にさほど訴えかけない。とりわけ都市に住む人々にとって、それは現実感を伴わない情報かもしれない。人々は自然生態系を自分から切り離された周辺環境(environment)、或いは舞台背景のような客観的事物と見なす。けれどもそれこそがまさに現代人を閉じ込めているシステムの根本原理である。そのシステムにおいて、「世界は生きておらず、わたしたちの親類などではなく、採取と廃棄の対象にすぎない—その世界には、そこに生きる人間の大半も含まれる」（ヒッケル前掲書、八六頁）。これこそが、本稿で論じる資本と国家の支配システムがもたらす破局である。

ここで破局について、さらに「戦争」という観点から見てみよう。「平和を欲するなら戦争を準備せよ（Si vis pacem, para bellum）」という言葉が古代ローマにあった。この言葉が示すように、戦争は古来「平和を守る」ことを大義名分として行われるのが常だった。「平和」を仮に「戦争が起きていない日常」と消極的に定義するだけならば、「平和」と「戦争」の区別はもはやなくなってしまったと言っても過言ではない。米軍支配下にある「戦後」日本の「平和」なるものが欺瞞にすぎないことは言うまでもない。日常のなかには実はすでに戦争的な要素が浸透し尽くしているのである（エリック・アリエズ／マウリツィオ・ラッツァラート『戦争と資本』杉村昌昭／信友建志訳、作品社、二〇一九年を参照）。

「戦争」と「平和」の表裏一体性は、軍事技術と民事技術の互換性によく現れている。例えば、農業用の化学肥料が戦争の火薬に転用された。毒ガスは農薬に転用された。核エネルギー（原子力）は核兵器（原爆）にも核発電（原発）にも用いられる。このように、軍事と民事の二重利用の事例は枚挙にいとまがない（藤原辰史『戦争と農業』集英社、二〇一七年を参照）。広島・長崎における原爆投下と、福島で起きた原発事故は、互いに無関係な出来事ではなく、三回にわたる一連の核災害と見なければならない。

今日のＡＩ開発（第四次産業革命）もまた、アメリカと中国を頂点とする諸国家間の経済的軍事的な覇権争いの産物である。軍用ＡＩは、これまでになかった核戦争勃発の危機を高めるだろう（ジェームズ・ジョンソン『ヒトは軍用ＡＩを使いこなせるか——新たな米中覇権戦争』並木書房、二〇二三年を参照）。

ここで敢えて聖書の言葉を用いてみたい。「剣」を「鋤」に打ち直す反戦志向がある一方で（イザヤ二4）、それとは逆に、「鋤」を「剣」に打ち直す戦争志向もある（ヨエル四9—10）。戦争の「剣」と農耕の「鋤」は、古代の鉄器時代におけるデュアル・ユースに他ならない。このように「戦争」と「平和」は互換的なものであり、その意味で戦争は日常へとすでに浸透している。「戦争」と「平和」という二元性の根底に隠された力、その両方を産出する力がいったい何であるかを問わなければならない。

五　マモンとリヴァイアサン―資本と国家の複合体

戦争・平和の双方を産出し続けるもの、そして三重の「戦争」――貧者に対する戦争、生態系に対する戦争、そして国家間の戦争――をもたらす原因をさぐってゆくならば、経済成長を求める国民国家同士の覇権争いという根本的要因が見えてくる。これを言いかえれば、マネーの力と武器の力（軍事力）の極大化と言ってもよい。それは、資本と国家という異なった二つのシステムの絡まり合い、すなわち軍産複合体に他ならない。世界の軍事費が史上最高額に達した現在は、第三次世界大戦の前夜である。否、第三次世界大戦はすでに始まっている、という見方もある。

まず国家とは、領土や官僚制や軍隊を不可欠の構成要素とし、時に経済的採算を度外視してでも、自己を防衛するシステムである。国家（state）は国民（nation）を統治するシステムであるから、国家と国民を区別しなければならない。

次に資本主義とは、資本の増殖、言いかえれば経済成長を至上目的とする経済システムのことである。個々の企業は競争を勝ち抜くために、最大の成長率を目指す。単に利益を最大化するのではなく、成長率を最大化しなければ、投資家が撤退して、企業は倒産してしまう。資本が巨大化すればするほど「成長か、それとも死か」という二者択一から逃れることができなくなる。

そのような個々の企業の弱肉強食とあいまって、国家もまた経済成長を至上目的とせざるを得なくなる。この経済成長を測定するGDP（かつてはGNP）は、米国で大恐慌への対策として研究開発され、後に戦争を遂行する国力を測定するために修正され再利用されていったものである。それ以来、世界各国は今に至るまでGDPを尺度として国力を測定して競い合う。けれどもGDPが、人間の多種多様な幸福や生態系の保全にとって、最早不十分きわまりない数値であることは、幾重にも指摘されている（デイヴィッド・ピリング『幻想の経済成長』仲達志訳、早川書房、二〇一七年）。

国家と資本は、本来異なった原理を持つシステムであるにもかかわらず、相互に連携する。その相乗効果によって巨大化すればするほど——俗に「大きすぎて潰せない」と言われるように——もはや人為的に止めることができないような「物神（フェティッシュ）」

と化してしまったのである。聖書の比喩を用いるならば、「リヴァイアサン」（ヨブ記四〇―四一章）と「マモン」（マタイ六章24節）という二つの偶像が、あたかも二つの頭を持ち胴体が一つであるローマの神「ヤヌス」のごとく癒着し、肥大し続けていると言ってもよい。

またこの資本と国家という複合体を資本・ネーション・国家という三要素の複合体と捉えることもできる。そこではまず、資本主義的市場経済が格差をもたらす。それに対してネーションが、平等性と共同性を要求する。そして国家が、再分配や諸規制によってそれに応じる（柄谷行人『世界史の構造』岩波書店二〇一五年、序文を参照）。このような相互補完的なシステムは近代西欧で確立され、世界に拡大してきた。けれども、このシステムが有限の地球上で今や成長の限界に達したために、限界を無視して延命しようとすればするほど、いっそう巨大で複合的な災禍をひき起こさざるを得なくなったのである。それが前述の三重の「戦争」状態である。

これほどの危機にもかかわらず、既存のシステムに取って代わる新たなシステムが容易に見当たらない。とりわけ二十世紀末の東西冷戦終結後、資本・ネーション・国家という複合体は、まるで自らが「歴史の終焉」（Francis Fukuyama, The End of History and the Last Man, Free Press, New York 1992）であるかのごとく、つまりこれ以外には選択肢がない歴史の最終到達地点であるかのごとく、人類を地球生態系もろとも破滅へとひきずりこもうとしている。

諸国家は生き残りをかけて経済力と軍事力を競い合う。覇権国が没落すると強大な国々が次の覇権の座を奪い合うが、これが「帝国主義」的な歴史段階である（レーニン『帝国主義論』を参照）。まさにその状況において、世界戦争が勃発する。かつて大英帝国が没落する過程で、第一次世界大戦が起きた。その反省のもとにできた国際連盟も、覇権争いを阻止することができず、第二次世界大戦が起きた。それによってアメリカが覇権を獲得したが、そのアメリカが没落しつつある現在の状況は、帝国主義的状況のさらに大規模な再来である。戦争を防ぐためにできた国際連合といえども、旧戦勝国が常任理事国を占めるために、今なお十分に機能せず、第三次世界大戦が必然的に迫っている。

恐るべきことに、戦争遂行そのものが、国家と資本を強力化するための最高にして究極の手段である。アメリカの軍産複合体（ペンタゴンとホワイトハウス）にとって、またそれに従属する日本の軍産複合体（政界と財界）にとって、戦争状態の継続こそ経済成長をもたらすからだ。

けれども冷静に考えてみるならば、旧敵国である日本は、本来戦争などできない、外交戦略を駆使して生き残るしかない国である。すでに言及した鈴木宣弘氏も指摘していることだが、紛争や国交断絶によって貿易を絶たれれば、多くの国民が飢餓に陥る。日本列島の海岸線には老朽化原発が林立している。無防備な原発は、自国に向けられた核兵器以外の何であろうか。

それにもかかわらず、対米従属を続ける与党政治、大資本に支配された社会、国民的政治リテラシーの低下、排外主義の高揚、米国によるオフショア・バランシング——自国本土からできるだけ離れた場所を戦場とする戦略——によって、日本は極東の盾とされる危険が高まる一途である。日本列島が核戦争の犠牲の盾となって、その後に列島全体が極東の核の墓場、放射性廃棄物の最終処分場と化してゆくというディストピアは、単なる悪夢であろうか。

六　力と交換──柄谷行人の交換様式論

こうした恐るべき破局を防ぐものは、理論的に考えるならば、国家と資本への対抗運動以外にありえない。それもただ単なる修正主義にはとどまらず、軍事力に裏打ちされた国家権力とも巨大資本のマネーの力とも根本的に異なる力、いわば第三の力を活性化することに他ならない。それは「すべてを変える」と言わなければならないほどの、困難きわまりない抜本的な変革である（ナオミ・クライン『これがすべてを変える──気候変動vs資本主義』幾島幸子・荒井雅子訳、岩波書店、二〇一七年）。その困難さのゆえに、無残な破局に突入する可能性の方が高いのである。

そもそも「力」とは何だろうか。人間を導く力、あるいは従わせる力はいかにして生じるのだろうか。ここで哲学者の柄谷行人氏が展開する交換様式論に依拠して考えることにしたい。柄谷氏の近年の思考、とりわけ『世界史の構造』（岩波書店、二〇一四年）や『力と交換様式』（同、二〇二二年）をはじめとする数多くの著作群は、キリスト教の終末論に新たな一ページを加える画期的なものである。そればかりか、キリスト教と非キリスト教、有神論と無神論の壁を突破するような新たな思想的土台をもたらしたといってもよい。それは伝統宗教の固有性を破壊することなく、同時にそのような伝統を超える普遍的な次元を明らかにしたのである。

さて人間は単独で生きることはできず、常に何らかの交換活動を行っている。交換とは関係のなかで生きることであり、交換を止めた時に人間は死ぬほかない。いのちとはたえざる関係創造であり、死とは関係喪失である。それゆえに関係創造としての交換は、抗いがたい力によって人間をとらえる。問題は、どのような力に導かれて生きるか、それは善き力か、それとも悪しき力かということである。

最も根源的な交換は、人間と自然とのあいだの交換、厳密に言えば交換というよりも物質代謝である。例えば息を吸うことと吐くこと、食べることと排泄すること、水分を補給して発汗すること、さらに全身の細胞が入れかわり続けるといったことがそこに含まれる。

この生命に不可欠な営み、すなわち物質代謝を通しての自己複製を土台として、人間の歴史と社会は大きく四種類の交換（A・B・C・D）から成り立っている。なぜ四象限に分類できるかというと、平等かそれとも不平等か、自由かそれとも不自由かという基準に基づいて、二×二＝四通りの交換がありうるからである。現実の社会はそれらの諸交換の混合体であり、どの交換が支配的であるかによって、それぞれの社会の特徴が定まる。

まず交換様式Aとは、贈与と返礼から成り立つ互酬制である。贈与行為によって、贈与者は権力を誇示する。贈与を受けた者は、それに対して返礼できなければ、共同体から排斥されてしまう。従ってこのような互酬的関係は、成員の相互扶助を実践しつつ、真の意味で自由ではない。

次に交換様式Bとは、支配と服従、あるいは略奪と再分配である。これは共同体のあいだで、ある共同体が他の共同体を略奪するところから始まる。略奪するだけでは暴力であり、まだ交換ではない。支配共同体は略奪を続けるために、被支配共同体を保護し育成しなければならない。被支配者は自発的に服従することで、安全や安寧を与えられる。ここから国家権力が発生する。

交換様式Cとは、貨幣を媒介とする交換である。それは売り手と買い手の合意に基づく市場経済の交換である。それは、Aのように贈与によって他者を拘束できない時に、また

Bのように暴力によって他者から強奪できない時に、成立する。つまりCは互いに他者を自由な存在として承認する時にのみ成立する。けれどもCは相互の平等を実現しない。商品は売れるかどうかわからないので、貨幣を持つ者が優位に立つ。それゆえに貨幣を蓄積しようとする欲動、さらに貨殖術、ひいては資本が発生する。貨幣の力は、贈与や暴力にもとづく力とは異なる。それは他者を物理的に強制することなく、合意にもとづく交換によって使役することができるので、新しい階級支配をもたらす。

最後に交換様式Dは、Bがもたらす国家とCがもたらす階級分裂とを克服して、Aを高次元で回復するものである。それは、互いを自由な存在とみなす交換である。Dはかつて狩猟採集民たちが持っていた原遊動性に由来する。遊動民が定住すると、さまざまな葛藤や対立が起きる。その危機を解消したのがAの互酬制だった。けれども、このAはやがてBとCに抑圧され、忘却されてしまう。その時Dは、Aを回復するべく、他者への贈与を迫る「反復強迫（Wiederholungszwang）」（フロイト）となって現れる。これこそが、古代人が神の言葉や霊の命令として理解したことがらである。

柄谷氏によれば、そのような交換様式Dを最初に開示したものが、様々な「普遍宗教

(universal religions)」である。普遍宗教は、古代文明が発生した各地――中国、インド、西アジア、ギリシア――で、特に紀元前五百年ごろを中心として発生した。それは都市国家が互いに抗争し、広域国家を形成するまでの過渡期だった。さらにまた、貨幣経済の浸透と共同体の衰退が顕著になる時期でもあった。

そのような広域国家は帝国と呼ばれる。それはBとCが空間的に拡大した状態である。帝国は、中央集権化と神の超越化をもたらす。つまり超越神によって被支配者の神々を否定し包摂するのである。そのような宗教は「世界宗教(world religions)」と名づけられる。

これに対して、普遍宗教はDとして現れる。それは共同体(A)・国家(B)・貨幣経済(C)に対抗し、自由なアソシエーションを目指す。普遍宗教は、国家権力と商人や金貸しの資本によって共同体が解体されていく時、それを「高次元で回復するDの強迫的な到来」として現れる。

普遍宗教は預言者のような特定の人物によってもたらされた。預言者たちは腐敗した祭祀や王権を批判する。柄谷氏は、預言者の主張を「荒野に帰れ」と端的に要約する。すなわちそれは原遊動性への回帰である。

その一例がナザレのイエスである。イエスは伝統的共同体を否定し、国家を否定し、貨幣経済を否定した。つまりイエスの隣人愛は、A・B・Cを越えて、Dとしてのアソシエーションを実現するものだったのである。さらに「イエスの死と復活は、交換様式AがBとCに打ち負かされたあと、〝高次元でDとして〟復活することの象徴」でもある（『力と交換様式』、四〇四頁）。

こうして誕生した原始キリスト教は、ローマ帝国という世界帝国に浸透してゆく。その過程で、遊動的で平等主義的だった集団は、階層的な集団に変質する。地上に実現することを待望された「神の国」は天上化され、非政治化される。それは、普遍宗教がA・B・Cに回収されて世界宗教となってしまったことを意味する。

その後のキリスト教史において、交換様式Dはしばしば「異端」のかたちで現われる。或いは宗教的な社会運動の形をとって回帰する。社会主義にとっても普遍宗教は欠くことのできない基盤となった。

さらにDは宗教の壁を超えて影響を与えてきたことにも注目すべきである。たとえば、教会法の世俗法に対する影響、法や国家の倫理的基礎づけ、国際法への影響といった事例が挙げられる。そのなかでも、日本国憲法九条が極めて重要であることは、後ほど改めて説明したい。

いかなる歴史事象とも同様に、キリスト教もまた四種類の交換様式の混合体である。どの交換が優勢であるかによって、キリスト教の特徴が異なってくる。キリスト教は、交換様式BやCに従属する「世界宗教」ではなく、Dを開示する「普遍宗教」である限りにおいて、意義を持つ。その意味で、交換様式論はキリスト教に対して、他宗教に優越するような普遍性を何ら認めない。

交換様式Dは、キリスト教的に言えば隣人愛であり、カントの倫理学にならって言えば「定言命法」——他者を自由な存在として尊べ——である。それは、真の愛と自由を実現できないA・B・Cを超えなければいけないことを指し示している。A（贈与と返礼）は、相互扶助的であっても、拘束的で閉鎖的な共同体を実現するにとどまる。B（支配と服従）は、一見どれほど平和に見えても、すでに見た通り、絶えざる戦争の遂行にすぎない。C（貨幣および商品の交換）は、たとえどれほど自由をもたらすかのように見えても、他者や自然を利潤獲得のための手段へとおとしめる。

とりわけ注目すべきことは、国際政治における交換様式Dのいわば最大規模の実践が、軍事力の削減や放棄という、逆説的な「贈与」だということである。それは、国家と資本という双頭の権力、すなわち軍産複合体を克服する、積極的平和創造の力である。ここに憲法九条の世界史的な意義がある。それは、かつてキリストの十字架という出来事が、古代国家の発明した十字架という処刑方法を平和や和解の象徴と源泉へと変革したこととも通底する。

交換様式論は「神」という作業仮説なしに、交換様式Dへと漸進する歴史の構造を解明する。その結果、キリスト教が「神」や「神の国」と名づけてきたものと、より普遍的な文脈のなかで邂逅したのである。交換様式論の視点からは、キリスト教と非キリスト教、あるいは有神論と無神論をへだてていた既存の壁が突破されてしまったと言っても過言ではない。

とはいえ交換様式論は、キリスト教を無効化するのではなく、むしろ変革し解放する理論である。キリスト教はナザレのイエスを自らに固有な原動力として保持しつつ、絶えざる宗教批判を通して、つまり因習的な観念や様式を絶えず相対化しつつ、Dの到来を待ち望むことができる。それは、晩年のカール・バルトが、「神の言葉」や「キリストの主権」が教会の壁にとらわれることがないと言ったこととも似ている（本章の記述は、『福音と世界』二〇二三年七月号掲載の拙論「柄谷行人と終末論」と重複することをお断りしたい）。

七　戦争放棄の力―柄谷行人の憲法九条論

日本には事実上、巨大な軍隊が存在する。しかし、戦争放棄を謳った憲法九条は改正も廃止もされない。憲法九条とそれを支持する日本の世論は、日本が海外で戦争することを七十年以上にわたってほぼ阻止してきた。世論調査でも、九条を維持すべきだという意見は根強い。この矛盾をいったいどう説明できるのだろうか。

この点については、柄谷氏が交換様式論を用いて九条の意義を解明した著書『憲法の無意識』(岩波書店、二〇一六年)が何よりも示唆に富む。その骨子を以下に紹介したい。

九条は七十年以上も破棄されることなく残ってきた。けれども、この条文は実は護憲派によって守られてきたわけではない。それどころか護憲派こそが九条によって守られてきたのである。人間の意志や意識など、教育やプロパガンダによって容易に変えられてしまう。九条はむしろ、プロパガンダや説得では操作できない「無意識」の問題である。

これを論じるために、フロイトの認識が導入される。憲法九条は第二次世界大戦後に生まれたが、これと同様に、後期フロイトの認識は第一次世界大戦後に生まれた。フロイトは、戦争神経症患者の夢のなかで、「死の衝動」が反復強迫(Wiederholungszwang)することを発見した。死の衝動とは、生物が無機物に戻ろうとする衝動である。この衝動は、外側に向けられると攻撃的な衝動となる。しかし内側に向けられると、自らをコントロールする「超自我(文化)」となる。日本の戦後憲法もまた、一種の集合的な超自我である。九条は、日本人の無意識の罪悪感を示すものである。

フロイトによれば、最初の欲動の放棄は、外部の力によって強制される。欲動の放棄は、倫理を生む。倫理は良心という形で現れ、良心はさらに欲動の放棄を要求する。フロイトのこのような説明は、九条が占領軍の命令という外部の力によって作られたにもかかわらず、日本人の無意識に深く定着していった過程を説明している。

戦後、日本を占領し統治するために、マッカーサーは天皇制を延命させた。そして、それに反対する国々を納得させるために、日本を非武装化した。つまりマッカーサーにとっては、憲法一条（象徴天皇制）こそが重要で、九条（戦争放棄）は副次的なものにすぎなかったのである。事実、アメリカは朝鮮戦争の勃発とともに九条の改正を強く求めた。しかし、その時点で九条は日本人の無意識の罪悪感と結びつき、より深い意味を持つようになっていた。

歴史をさかのぼってみれば、憲法九条は、明治維新以降に日本人が推し進めてきた膨張主義的な政策（一八六八〜一九四五年）に対する反省に基づいている。これは、日本が二百五十年以上続いた「徳川の平和」（一六〇三〜一八六七年）を破って、急速に歩んできた道に対する反省の表れである。徳川体制は、秀吉の朝鮮出兵を頂点とする四百年に及ぶ戦乱の後に続く戦後体制であった。徳川体制は、象徴天皇制という点でも、非軍事化という点でも、第二次世界大戦後の日本の体制に似ている。言いかえれば、徳川国家体制は戦後憲法の「先行形態」だったのである。

憲法九条のルーツは、戦争を違法としたパリ不戦条約（一九二八年）にある。この条約は、第一次世界大戦後に結成された国際連盟（一九二〇年）を背景としている。さらに、十八世紀末のカントの永久平和論にもさかのぼる。カントによれば、永久平和は国家間の敵意を排除する連合体によってのみ可能となる。

フロイトの核心的な原理によれば、忘れられたり抑圧されたりしたものは、必ず何らかの形で戻ってくる。無意識の反復強迫は、自分自身の攻撃性を糾弾するものであり、無意識のうちに行われる戦争批判である。この批判を実行するのは、文化としての超自我である。文化や知性は人間の衝動に比べれば無力である。けれども知性の小さな声は、それが聞かれるまで決して止むことがない。

平和をもたらす力は、武器の力や金の力とは異なる。これらの力の違いは、交換様式の違いによって説明することができる。前章で述べた通り、人類には四つの交換様式がある。Aは贈与と返礼の相互交換、Bは支配と服従、Cは商品と金銭の交換である。近代国家はA・B・Cの接合体であり、国民・国家・資本という形態をとる。

Aは解体され、BとCが世界帝国を形成する。この世界帝国に対する批判としてDが登場する。Dは普遍宗教や社会思想のような理想の形をとって社会構造に影響を与えてきた。それはよりAを高いレベルで回復し、BとCを超越するものだった。

戦争放棄は国際社会への贈り物である。日本が国連で九条の実行を宣言すれば、それに賛同する国が出てくるだろう。そのような国々が連合すれば、旧連合国が常任理事国として支配する体制を変え、カント的原則に基づく国連が誕生するだろう。九条の文字通りの実行は、単なる自衛権の放棄ではなく、贈与である。贈与の力は、いかなる軍事力やマネーの力よりも強い。カントが人類史の目標として掲げた「世界共和国」は、A、B、Cから派生する力ではなく、Dの力、すなわち純粋贈与の力によってこそ形成される。

最悪のシナリオを回避するために、日本がなすべきこと、できることは九条を忠実に実行することしかない。空想的リアリストは、九条があるから日本は自国を守れないというが、九条によってこそ日本は戦争から守られる。九条を実行することこそ、「日本人ができる唯一の普遍的で『力強い』行為」である。以上が柄谷氏の『憲法の無意識』の骨子である（本章は『福音と世界』二〇一六年八月号に掲載された、筆者の同書への書評「九条の謎と信仰の奥義」に基づく)。

八　剣を鋤に打ち直す

ここまで見てきたように、戦争放棄の力は交換様式Dの力、すなわち平和を純粋贈与する力である。九条は軍需産業にブレーキをかけると同時に、国家権力の暴走にもブレーキをかける、文字通り資本と国家に対抗する力である。

貨幣の力と武器の力への対抗運動は、遠く旧新約聖書の核心的思想が形成された「普遍宗教」の形成期に遡る。かつて哲学者のカール・ヤスパースはその時代を「枢軸時代」と名づけた(『歴史の起原と目標』重田英世訳『世界の大思想 三―一』、河出書房新社、一九七一年。原書は一九四九年)。第二次世界大戦の終結から間髪入れず、米ソ対立、東西対立が勃発して、第三次世界大戦の危機が最初に高まった時、ヤスパースは人類の来し方と行く末を展望し、イザヤ書が語る「剣を鋤に打ち直す」(二章4節)理想こそ人類を導く未来の象徴とみた。そしてこの「剣を鋤に打ち直す」平和創造の理念が生まれた時代を「枢軸時代」と呼んだ。枢軸時代とは、紀元前八百年から紀元前二百年ごろにかけて、中国、インド、西アジア、ギリシアにおいて、今日にまで続く伝統的な宗教や思想がいわば同時多発的に現れた時代を指す。例えば儒教や老荘思想、仏教、イザヤを含む預言者たち、古代ギリシア哲学などがそこに含まれる。

ヤスパース以後、「枢軸時代」をめぐって厖大な研究が積み重ねられてきた。今世紀の初頭、柄谷行人氏の『世界史の構造』(初版は二〇一〇年)などとおよそ同時期に現れた諸研究は、枢軸時代において貨幣鋳造と軍事力が同時に発展し、それといわば表裏一体のものとして伝統的な諸宗教や思想が登場したことに注目している。例えば人類学者のデヴィッド・グレーバーは枢軸時代において、現代世界を蹂躙する軍産複合体のいわば先駆とも言うべき「軍事‐鋳貨‐奴隷複合体」が現れたことに注目する(グレーバー『負債論――貨幣と暴力の五千年』酒井隆史監訳、以文社、二〇一六年)。枢軸時代におきた典型的な現象は、硬貨の鋳造と、国家による独占であった。国家が職業的軍隊を形成し、兵士への報酬として鋳貨を創出し、そのために奴隷が金銀銅を採掘し、それと同時に、通貨が統一的な国内市場を形成したのである。

その典型の一つは、聖書とも関係が深いペルシア帝国である。古代の帝国や都市国家は、内部においては階層構造、外部に対しては征服志向（奴隷労働、土地集積、徴税による富の蓄積）、イデオロギー的には神々による支配権力の正当化を特徴としていた。これに抗う対抗運動として、枢軸時代の諸思想が複数の地域で誕生したのである。預言者、律法改革、イエス運動などがそこに含まれる。枢軸時代の新しい宗教や思想は、軍事力と貨幣の力に支配された現実世界を超えるような何らかの別世界、解放空間を求めたのである（拙論「枢軸時代をめぐって――研究史と現代的意義」、『無教会研究』二〇二三年、第二十六号を参照）。

このような「対抗社会」は、古代イスラエルから原始キリスト教にかけて繰り返し形成された。神学者ウルリッヒ・ドゥフロウは、その対抗社会の形成の歴史を以下のように四段階にわけている。
1　前一二五〇～一千年頃。この時期、帝国や都市国家の狭間で、自治的イスラエルの対抗社会が成長された。

2　前一千年~五八六／五年。この時期、イスラエルは帝国や都市国家との葛藤を経て王権化していくが、やがてエルサレムの陥落、バビロン捕囚へと至る。この間に、預言者や律法が改革を試みつつ、成功しなかった。

3　前五八六／五~三三三年。この時期、故郷に残留した民と、捕囚から帰還した民が、最初はバビロニアの支配下で、その後にはペルシア等の支配下で、不完全ながら自治を試みた。

4　前三三三~後三一二年。このヘレニズム・ローマ時代に、政治的経済的イデオロギー的な全体主義支配を積極的に拒否する、小規模な対抗運動が形成された（Ulrich Duchrow, Alternatives to Global Capitalism. Drawn from Biblical History, Designed for Political Action, Kairos Europa, Heidelberg 1995, 140.)。

さてここまで論じてきた歴史を改めて整理して展望すると、国家の力とも資本の力とも異なる「第三の力」の系譜をたどることができる。それはイザヤ等を含む「普遍宗教」から、日本の憲法九条にまで続く「力」の系譜である。

「剣を鋤に打ち直す」(イザヤ)理念は、墨子の「非攻」などとも似て、東西の各地で現われた。それは非暴力の積極的平和創造の理念である。その理想はやがて「剣をとる者は皆、剣で滅びる」という言葉に象徴される、イエスの非暴力の生涯へと結実する。十字架刑によるイエスの死は、非暴力や和解などを象徴するようになり、一見すると力とは見えない、無力の力、逆説的な「力」(ローマ書一章16節)を体現し、そのような新しい力が満ちあふれる「神の国」への待望をもたらした。ここから、キリスト教世界における「神の国」と「地上の国」の相克、理想と現実がせめぎ合う二王国論が展開されてゆく。「神の国」への待望、すなわち最善の未来への希望は、近代啓蒙主義の時代にも引き継がれ、十八世紀末のカントの『永久平和論』における、常備軍の廃棄や国際連合の構想へと結実する。カントの理想はやがて、第一次世界大戦後の国際連盟やパリ不戦条約、さらに第二次世界大戦後の国際連合(一九四五年〜)、国連広場の「イザヤの壁」に今日も掲げられた「剣を鋤に打ち直す」理想へと至る。

ユルゲン・モルトマン『希望の倫理』は、文字通り「剣を鋤に打ち直す」変革的倫理をキリスト教倫理の中心に据える。モルトマンは「希望の倫理」の根本命題を次のように言い表す。それは三段階をなす命題である。

- 剣からいかなるキリスト教的な剣も作らないこと。
- 剣から鋤に退行しないこと。
- 剣から鋤を作り出すこと。

すなわち、「剣」の宗教的な正当化や再生産ではなく、また既存の「剣」から逃避する消極的な平和でもなく、「剣」を「鋤」へと積極的に変革することこそが「希望の倫理」である。初期の代表作『希望の神学』から『希望の倫理』へと至るモルトマン神学の軌跡は、二十世紀におけるドイツの二度の敗戦、そして東西冷戦時代に、核戦争の脅威に直面しつつ、「剣を鋤に打ち直す」エートスを実践してきた、ドイツの市民運動の歴史を背景としている。

このように見るならば、九条の唱える軍事放棄の理想は、決して日本一国には限られない。それは両世界大戦の惨禍を経て明確に現れた、世界史的な理想と言ってよい。九条とは無関係に、非武装を選んだ国々があることを前田朗著『軍隊のない国家――二十七の国々と人々』(日本評論社、二〇〇八年)は明らかにしている。これらの国々の多くは日本と比べれば小規模の国々であるが、いずれにしても「国家は必ず軍隊を持たねばならない」という通念をくつがえすに十分な数の実例である。

かくして、現代世界において「剣を鋤に打ち直す」力は、キリスト教だけの力ではもちろんなく、他宗教にも非宗教者にも共通する変革の力である。それゆえに、宗教の壁を超えた連帯によって、第三の力を活性化することが必要なのである。

九　資本と国家への対抗運動

資本と国家への対抗運動は、資本(マモン)と国家(リヴァイアサン)という偶像あるいは物神から神秘的な力をはぎとることである。そのような対抗運動について、犠牲者の視座に立つことと、脱成長のヴィジョンを持つことという二つの観点から論じてみたい。

九・一　犠牲者の視座

今日ますます強まる国家と資本の専制を一種の「犠牲のシステム」と呼んでよい。これは高橋哲哉著『犠牲のシステム　福島・沖縄』（集英社新書、二〇一二年）に由来する言葉である。「犠牲」とは、本来であれば自らが負担すべきコスト——負債（罪）や廃棄物など——を他者へと転化、すなわち外部化することである。すなわち、ますます少数になる富める者たちが、ますます多数となる乏しい者たち——人間のみならず他の生物種——を犠牲にすることによって、マモン（富）とつかのまの安寧をむさぼり続ける、略奪と破壊のシステムである。

その際、資本主義がもたらす危機——貧困や生態系破壊——を技術革新や経済成長によって解決できるという主張が今なお繰り返し現れる。けれどもそれは、地球環境の危機をもたらした根本原因そのものによって、あたかも危機を解決できるかのように装った欺瞞に他ならない。

例えば、大規模に地球環境を操作する地球工学あるいは気象工学と呼ばれるテクノロジーが、イギリスの王立学会によって提唱されてきた。それは、この学会が十七世紀に設立された際に影響を受けた、あのフランシス・ベーコンによる自然支配のイデオロギーの生き残りである。太陽放射管理や二酸化炭素除去など、地球環境を大規模に操作することによって気候変動を阻止しようとするテクノロジーは、実は西欧キリスト教文明が気候変動をもたらした歴史的原因とまったく同じ「地の支配」のイデオロギーに基づいている。神学者マイケル・ノースコットの言葉を借りるならば、気象工学は「病気の原因を治療として用いる」技術である。つまり、経済成長という根本問題を放置したまま、それがひきおこす温暖化という影響だけを阻止しようとする技術だと言ってよい（拙論「気候危機とキリスト教の罪責——宗教批判的な考察」、『無教会研究』二〇二一年、第二十四号を参照）。

資本主義の悪と災禍は、受益者たちの視点からではなく、犠牲者たちの経験から初めて明らかになる。それは貧しくされた人々、周辺化され抑圧された人々や諸生物の経験である。犠牲者とはとりわけ、これまで持続可能な形で、様々な再生産労働を担ってきた存在を指す。すなわち非西洋人、女性、先住民、そして人間以外の諸生物などである。これらの人々や生物こそ、生活や生態系を守りながら、この世界の再生産を担ってきた存在である。

経済成長を今なお真に必要とする貧しい国々や地域は存在する。これとは異なって、高所得国が経済成長をなおも追求すれば、恩恵よりも犠牲の方が大きくなる状況がますます増えてゆく。たとえばコロナ禍で何が起きただろうか。「経済成長の名のもとに、公衆衛生にかける予算を削減し、社会と国民を守るためのインフラ整備をおろそかにしてきた数十年間のツケが、今回の危機に対する多くの国々の対応力を弱める結果となった。パンデミックは既存の経済システムの脆弱性をむき出しにしたのだ」(ヨルゴス・カリス他『なぜ、脱成長なのか』上原祐美子/保科京子訳、NHK出版、二〇二一年、八―九頁)。

産業大国がそれでもなお経済成長を求めるならば、もはや犠牲を伴わずにはおかない。「社会や生態系、個人が背負う費用のほうが、成長の便益よりも高くついてしまうのだ。社会や生態系が背負うコストを覆い隠し、会計帳簿の外に追い出し、ダメージをほかの地域やほかの人々、もしくは未来の世代に押しつけるメカニズムのせいで、そうした現実は表面には見えてこない」(前掲書、二十頁)。コロナ禍のみならず、原発事故、気候変動、生物の大量絶滅、砂漠化、海洋プラスチックゴミ問題等々、あまりにも多くの問題が存在するが、いずれも過剰な経済成長への追求がもたらした災禍である。

なお犠牲者は、一見するとそう見えない多数派——中間層の人々——のなかにもあまねく存在する。巨大化する資本と国家の支配下で生きる限り、人々は真の意味で自由で独立した、人格同士の相互的関係を生きることができず、創造性を発揮することもできず、ますます経済人(ホモ・エコノミクス)として心身共に隷属的に生きるほかなくなる。「ほかならぬ私も実は犠牲者なのだ」という気づきが、犠牲者たちとの連帯のきっかけとなるだろう。そのような気づきの機会は、どこか遠くではなく、まさに自らの心身と近隣に満ちている。

九・二　脱成長

国家と資本の力を測定するGDPが、もともと戦争遂行のために発展させられ、戦後世界において国力を測定する装置として一般化していったことは、すで第五章で見てきたとおりである。ＧＤＰは国民の多種多様な豊かさを測る尺度としては、あまりにも欠陥が多い。すでに多くの科学者たちが、ＧＤＰ成長を放棄し、人間の幸福と生態系の安定に重点を置くことを要求している。それは、ＧＤＰで表示される富の追求から、生態系の維持や幸福の向上に移行せよという要求である（ヒッケル、三六頁）。

環境負荷を減らしながら、なおも経済成長を続けること、いわゆる「デカップリング」は、おそらく不可能である。例えば太陽光パネルを作っても、希少な鉱物を採取するために、山を削り、川を汚染する。どれほど技術革新が起きても、それによる効率化が価格を下げて、ますます多くの消費を喚起する。循環型経済も過剰生産が続く限りはうまくいかない。「要するに、どこかで、経済そのものを減速させ、縮小していかなければ、持続可能な経済には移行できないのである」（斎藤幸平、前掲書の巻末解説、一九八頁）。

「緑の経済成長」なるものも、同様に不可能である。『緑の雇用』が労働者にもたらす高い賃金が、極めて消費主義的で、環境負荷の大きい活動に使われてしまったら、まったく意味がない。結局、高所得国における中産階級、労働者階級にこれまで以上に豊かな生活を保障することで社会的合意を獲得しようとするなら、そのコストは外部化され、低所得得国へと押しつけられることになる」。さらに、新興国が急速な経済成長を遂げれば、コストを押しつけられる場所はもはや残っていない。人新世とは「外部の余地が消尽した時代」である。もちろん再生可能エネルギーへの転換を含めた社会変革は必要であるが、それはあくまで「成長なきグリーン・ニューディール」でなければならない（斎藤、前掲書、一九九頁）。

フランスの思想家セルジュ・ラトゥーシュによれば、脱成長（décroissance）とは成長（croissance）への信仰（croyance）を止めること、経済成長を崇拝しない態度である。これは一種の「無神論」あるいは「不可知論」、資本主義という名のマモン崇拝を拒否し、物神性をはぎとることに他ならない。

そのような脱成長、言いかえるならば定常経済には、二つの原則がある。第一に、生態系が再生できる量を超えて採取しないこと、第二に、生態系が安全に吸収できる量を超えて廃棄あるいは汚染しないことである（ヒッケル、二四七頁）。それは「希少性から豊富さへ、搾取から再生へ、支配から互恵へ、孤独と分断から生命あふれる世界とのつながりへ」と転換すること（同、二九〇頁）である。

人間が過剰な生産活動を縮小しはじめれば、生態系がいかに早く回復するかを私たちはコロナ禍においても経験した。緊急事態下で経済活動が停止させられたことによって、大気が浄化され、自然が蘇生することを世界各地の人々が経験した。それは、生態系の回復が遠い未来の物語ではなく、生きている間に人類が経験できる出来事であることを示唆している。ただし自然破壊が臨界点を超えて、もはや逆戻りができなくなる前に、脱成長社会へと劇的な転換を行わねばならない。

ヒッケルに学んで、脱成長のためにいくつかの重要な指針をここで手短に述べておきたい。何よりも高所得国は、過剰な資源採取とエネルギー利用を減速させなければならない。その際「成長させるべき部門」と、「必要性が低いか、生態系を破壊しているので根本的に縮小すべき部門」とを区別しなければならない（三七頁）。必要不可欠な産業と、不必要な産業の違いとは、「どの産業が使用価値を中心に組織され、どの産業が交換価値を中心に組織されているか」ということである（二二三頁）。

ヒッケルはまた「大量消費を止める五つの非常ブレーキ」を提唱する（二一一頁以下）。第一に、意図的に壊れやすい製品を大量生産、大量販売、大量廃棄する「計画的陳腐化」を止めること。第二に過剰な広告を減らすこと。第三に、商品を購入せず、共有すること、すなわち所有権から使用権に移行すること。第四に、食品の大量廃棄を止めること。第五に、化石燃料産業や軍需産業など、生態系を破壊する産業を縮小すること。

その他にも、以下のような様々な変革が必要である。過剰生産を減速し、不要な労働から人々を解放し、環境負荷を減少させること。労働時間を短縮し、幸福や慰安を向上させること。職場と家庭でジェンダー平等を促進すること。家族の看病、子供との遊び、森林の復元の手助けなど、ケアを復権すること。労働力を本当に重要なこと――真に使用価値のあるもの――へと再分配すること（二二三―二三一頁）。

キリスト教との関連で特に強調すべきは、債務の一部を帳消しすることである。これは旧約聖書の「ヨベルの年」のように、周期的に債務帳消しを行うことである（二三九頁）。減免すべき不当な債務には、奨学金とは名ばかりの学生ローン、不当な住宅ローン、グローバル・サウスに対して構造的に課せられた負債などが含まれる。「債務の帳消し」こそ、キリスト教が説いてきた「罪の赦し」の福音の、現代的かつ具体的な適用に他ならない。

さらに脱成長戦略の重要不可欠な要素が、コモンズの再興である。現在の地球は、国家と私有財産（私企業・私個人）によって、細断される一途である。このような細断や私物化に対抗する究極の概念が、「コモン（公共）」あるいは「コモン・グッド（共通善）」である。地球は究極の贈与、奇跡的な純粋贈与である。その地球がコモン・ホームとなるならば、そこでは誰も餓死しない。誰も犠牲となり、搾取されない。何人も、必要以上の富を蓄積するために、貪欲に他者の財産を欲しない。万人が十分なものを持つことができる。各人が自らの能力に応じて貢献し、自らに必要なものだけを受け取る。すなわち分配的正義が実現するはずである。このようなコモンズこそ、私有か国有かという二者択一には還元できないコミュニティの力、すなわち資本とも国家とも異なる第三の力である。コモンズをめぐる昨今の多様な研究を参照されたい。

社会学者の宮台真司氏は「崩壊を加速させよ」と敢えて言う。宮台氏によれば、現代日本人は「社会」（あるいは公共、コモンズ）を失って、「世間」しかなくなり、しかも今や、その世間すら失われつつある。人々は「沈みゆく船のなかの座席争い」をすることしかできない。このような崩壊のなかで、あるいは崩壊を超えて、人々がコミュニティを再興するためには、「言葉の外、法の外、損得勘定の外」にあるシンクロニシティを生み出すミクロな運動から始める以外にない。宮台氏はおよそこのように主張する（宮台氏の近年の著書、例えば『崩壊を加速させよ』、二〇二一年、blueprint 等を参照）。宮台氏の言う「法の外」、「損得勘定の外」を言いかえるならば、それはまさに国家と資本に対する対抗運動であろう。それはさしあたり、草の根的でミクロな運動の形を取らざるをえないが、やがてマクロな変革へと通じることを虎視眈々と待ち望む実践である。

十　破局を生き延びる

ここまで見てきたように、第三の力による社会の変革は、多種多様な形をとりうる。それが能動的になされるならば、既存のシステムを内側から規制改革するか、或いは既存のシステムの外部に、新しいシステムを創造するかであろう。さらに加えて、イザヤ書六章13節が描いたように、既存のシステムが崩壊した後、生き延びた少数者たちが破局のなかから新たな創造的活動を行うこともありうるだろう。

ヤスパースはまさにそのような過酷な未来を危惧していた。彼は「世界秩序」へと向かうことが極めて困難な課題であり、そこに到達する前に核戦争が起きて、人類の大半が滅亡して、僅かに生き残った人々が歴史をゼロから再建してゆく可能性を視野に入れていた。ヤスパースはこう述べている。「世界国家の秩序建設への途上では、目的が達成されるより先に、歴史の進歩の片鱗さえ想像もできぬほどに、人類を破滅してしまうような幾多の事件が起こりかねぬであろう。この際地球上で散り散りに、かろうじて生き残ったわずかの人間は、数千年前と同じように再びやりなおしを始めることであろう」(ヤスパース、一九五頁)。

このような悲観的予測を一笑に付すことはできない。それは、資本と国家の力が強大化し、それに対抗する実践が今なお十分に組織化されていないからである。資本と国家の支配の外部へと向かう構想も実践も奪われている人々にとっては、そのようなマネーの力とも武力とも異なる「第三の力」は単なる夢物語にしか見えない。

例えば「九条など非現実的で無力なものだ」と多くの人々は言う。実際に、日本政府は九条を改正すらせず軍備を拡大する方向へと向かっている。けれどもそうすることによって、戦争を自ら引き寄せ、歴史的悲劇を再び共有することによって、九条の「力」を再認識する未来が待ち受けている。やはり九条を文字通り実行すべきだったという痛恨、「剣を鋤に打ち直す」九条こそ人類史の目標だったのだという覚醒とともに。

日本社会の傾向を見る限り、第一章で言及したような最悪の事態を想定する「悲劇的想像力」は概して乏しい。その傾向は、かつて大日本帝国が楽観と惰性にひきずられて、太平洋戦争へと突入して破滅に至った時から、本質的に変わっていない。それは、日本国家が米軍統治下で戦争犯罪を大きく免責され、それゆえに戦前の様々な遺風を断ち切ることなく、今日まで米国の支配に依存してきたことと深く関係している。このような「戦前（および戦中）」と「戦後」の連続、癒着こそ、日本社会の根本問題の一つである。まさにそれゆえに、日本国家がこれから二度目の悲劇、最悪の破局に至る可能性を危惧せざるをえない。

破局の恐ろしさを考えれば、国民国家という既存のシステムの自滅をただ単に座視するわけにはゆかない。座視すればするほど、それはソフト・ランディングではなくハード・

ランディングになる。それゆえに、破局を予期しつつも、それを緩和する努力をするという二重の姿勢が必要となる。

悲観的な未来予想へと無為に耽溺してはならない。未来に関する憶測それ自体が、未来を招き寄せる一因子となりうるからだ。たとえば戦争を不可避と考えること自体が、戦争協力となる。その逆に、戦争など起きないと楽観視することも戦争をもたらしかねない。悲観と楽観のいずれにも陥らず、危険を直視し続けることだけが理性的であり、危険を回避する道であろう。今現在だけが人間に属する現実的なものであり、未来についての思考は非決定論的な「知に基礎づけられた無知」であるべきである（ヤスパース、一四四―一四五頁）。

さて第一章ですでに述べた通り、人は来るべき破局に対して「否認」、「怒り」、「取引」、「抑鬱」、「受容」という五通りの態度をとりうる。今なお多くの人々が最初の三段階に囚われている。「否認」の段階において、人々は「経済成長する国民国家が崩壊するはずはない。気候危機はさほど深刻ではない」などと考えるだろう。続く「怒り」の段階においては、「なぜ自分たちが恐ろしい目にあわねばならないのか」という怒りを表出するだろう。さらに「取引」の段階では、「クリーンエネルギーを取り入れ、二酸化炭素排出を減らす代わりに、経済成長する国民国家というシステムは存続させたい」などと言うだろう。

そもそも資本と国家は自らの破局を想定しないシステムである。例えば、経済学者の佐伯啓思氏はこう述べている。「資本主義とは、負債を抱えて、未来へと投企し、未来において収益をえる、という活動である。未来における収益は、負債よりも大きなものでなければならない。このような期待がなければ資本主義は存続しない。だから、資本主義の存続を信じるということは、成長を信じることでもある。（中略）言いかえれば、資本主義的な活動を支持する者は、将来の破局などありえない、と考えていることになる。破局の可能性など想定してはならないのである」（『経済成長主義への訣別』新潮社、二〇一七年、三三頁）。

このように暴走する資本主義へと依存する国家もまた、国民に対して来るべき破局を前もって告げ知らせたりはしない。資本と国家の支配下にある限り、人々はそのシステムがあたかも永遠に続くかのような幻想を抱いて、そこに生死をゆだねざるを得ない。そこには真の意味で「絶望」も「希望」もなく、ただ「諦念」があるだけである。モルトマンはかつて『希望の神学』（一九六四年）において、「希望」を無効にするものは「絶望」ではなく、「諦念」であることを論じた。

私たちは今や、『崩壊学』が言う第一、第二、第三の段階を離れて、第四、第五の段階へと向かって進まざるをえない。『崩壊学』はそのことを次のように述べている。「前進して、望ましい未来を見出し、崩壊を社会にとって素晴らしい機会ととらえるには、どうしても絶望や恐怖、怒りといった負の段階を経ることになる。このプロセスで、私たちは必然的に個人的な影の領域に浸り、それらと向き合い、そして共に生きる方法を学ぶことになる」（二〇三―二〇四頁）。このような一種の喪のプロセスを分かち合うことによって初めて、その先の未来が見えてくる。それは輝かしい未来ではなく、宮崎監督が語った「なさけない再生」であるかもしれない。いずれにしても崩壊や破局は、ただ単なる「死」ではない。それはまた「終末（eschaton）」でもないことはすでに述べた通りである。破局を通り抜けて、絶望を通り抜けてはじめて、希望が見えてくる。

伝統的な終末論（eschatology）は、まさにそのような破局のなかの希望について、神話や象徴を通して語ってきた。キリスト教は「死」を通りぬけてはじめて「復活」が起きることを語ってきた。ここに人知を超えた未知、自力を超えた他力、人為を超えた未来が現れる。終末論は、こうした矛盾する両要素を論じてきた。

けれどもこのことが、今やキリスト教の枠組みを超えて、世界史の構造を通して示される。それは終末論の意義を高次元で回復することだと言ってよいだろう。キリスト教の希望の命題は、もはやキリスト教の既存の壁にとらわれることなく、世界史の力学を通して証しされるだろう。第六章と第七章で論じた柄谷行人氏の交換様式論は、何よりもそのことを照射したのである。

私たちの目前には、山上の垂訓のイエスの言葉さながらに、二つの可能性が見えている。一つは滅びに通じる広い道であり、もう一つはいのちに通じる狭い道である（マタイ七章13―14節）。滅びの道は、資本と国家の専制の末に地球生態系が焦土と化す道である。これに対して、いのちの道は、資本と国家に対抗する第三の力を活性化し、生態系と人間が循環しながら尊厳をもって持続する道である。もっとも二つの可能性は二者択一ではなく、すでに混然一体となっており、問題はどちらの可能性をより高めるかである。

ヤスパースも次のように述べた。「今や問題は、歴史に将来の展開の余地が残されているかどうか、そしてまた、恐るべき苦悩と苦難を通じて、身の毛もよだつような深淵を通り抜けて、真の人間の生成にたどりつくかどうかである、——それがいかように行われるかは、われわれにはまだ全然思いもよらない」(三八頁)。

たとえ「思いもよらない」未来であったとしても、そのような未来が回帰することを待ちつつ望みつつ、そこに根源的な信頼を寄せつつ、私たちは歩んでゆくほかない。伝統的な信仰はそれを「御国を来たらせたまえ」と表現したのである。

創造と終末
——創造物語解釈の伝統とヨハネの黙示録の終末論

遠藤勝信

はじめに

ヨハネの黙示録の終末論は、第二神殿期ユダヤ教黙示文学の神学的問い（例えば、「誰が世界の真の主権者か?」、「終末遅延の理由は何か?」）を共有し、ヘブライ語聖書解釈の伝統を継承する。地中海世界に離散するユダヤ教徒らが書き残した諸テクストは、それぞれの時代と文化特有の要素を含みつつ、ヘブライ語聖書の扱い方や解釈の仕方に共通するもの（それを「伝統」と呼ぶ）がある。特に創造論と終末論の接近は、第二神殿期ユダヤ教黙示文学に顕著であり、それはまたヨハネの黙示録にも見られる。本論では、創世記一章の創造物語の解釈の伝統を、ヘブライ語聖書および第二神殿期ユダヤ教文書に確認しつつ、ヨハネの黙示録に展開する終末論との関わりについて論ずる。

一　ヘブライ語聖書の創造物語テクスト

創世記一章の天地創造物語を基調とした神学的考察（創造物語解釈）はヘブライ語聖書の随所に見られる（詩三三6―11、一〇四1―30、箴八22―29、イザ四〇18―26、四四24―28、四五7―8、四八12―13、エレ一〇12―13、ヨブ三八―四一章）。詩編のテクストでは、神の言葉と業が信頼に足ることの根拠として、創造物語が言及される。

正しい人よ、主によって喜び歌え。

賛美はまっすぐな人にふさわしい。
……
主の言葉はまっすぐ
主の業はすべて真実。
主は正義と公正を愛し
主の慈しみに地は満ちる。（詩三三1—5）

その後に、6—9節において創造の業が想起されつつ、神の言葉と業の真実さが讃えられる。

天は主の言葉によって（biḏḇar yhwh）
天の万象は主の口の息吹によって（ûḇᵉrûaḥ pîw）造られた。
主は大海の水を革袋に入れるように集め
深淵の水を倉に納めた。（詩三三6—9）

詩編一〇四篇では、「私の魂よ、主をたたえよ。わが神、主よ、あなたは大いなる方。威厳と輝きで身を包む。」（詩一〇四1）と賛美が捧げられた後に、2―30節に掛けて、神の創造の業が再話されてゆく。光と天の創造からはじめて、地と水、生き物へと展開した後に（2―18）、天体の創造へと戻り（詩一〇四19―23）、「主よ、あなたの業はいかに豊かなことか。あなたは知恵によってすべてを造られた」（21）と要約される。

箴言八章にある知恵の賛歌（箴八1―36節）では、創造物語の再話（深淵、水源、山と丘、地と野原、天と大空、海）と共に、神の属性の一つである「知恵」の神的起源と先在性が讃えられている（箴八23―29）。

イザヤ書四〇章18―26節では、「あなたがたは、神を誰に似せ、どのような像と比べようというのか」（イザ四〇18）と問う文脈において、水、天、地、山々、丘、万象等の創造物語が再話されつつ、「主は永遠の神、地の果てまで創造された方」（イザ四〇28）と結論される（エレ一〇11―13にも同様の展開が見られる）。

ヨブ記三八―四一章は、神が嵐の中から義人ヨブに語りかけ、神は人知の及ばぬ創造の神秘を説き明かす箇所である。「地の基」（三八4）、「海の源」（三八16）、「天体と気象の法則」（三八）、「生物の不思議」（三九）、「ベヘモット（地の巨獣）とレビヤタン（海の巨獣）の神秘」（四〇―四一）等が次々と取り上げられ、神の知恵の奥深さと神の計画の確かさへの告白へと導いて行く（四二2―6）。このように、知恵（詩、箴、ヨブ）と預言文学（イザ、エレ）において、創造物語が、神の主権性と唯一性を論ずる根拠とされてきたことが窺える。

本論が注目するのは、創造物語が神論のみならず救済論にも重要な概念枠を提供してきた点である。既に言及した詩編三三篇のテクストを再度取り上げる。

天は主の言葉によって（biḏḇar yhwh）
天の万象は主の口の息吹によって（ûb^{e}rûaḥ pîw）造られた。
主は大海の水を革袋に入れるように集め
深淵の水を倉に納めた。

全地は主を畏れる。
世界に住む者は皆、主の前におののく。
主が語ると、そのように成り（hûʾ ʾāmar wayyehî）
主が命じると、そのように立った（hûʾ-ṣiwwâ wayyaʿamōḏ）。
主は国々の思いを挫き
もろもろの民の計らいを絶たれた。
主の思いはとこしえに、
その心の計らいは代々に立つ（taʿamōḏ）。（詩三三6―11）

詩編三三篇は、天地創造の業に現れた神の絶対的な主権性を根拠にして、全地に神への帰依を呼び掛けるとともに（三三8）、神の民に対しては、いっそうの信頼を鼓舞する（三三20―22）。主の言葉の正しさと業の真実さ（三三4）を説き明かすために詩人が想起するのは、神が言葉によって天地創造を成し遂げた（創一3「神は言われた。『光あれ。』すると光があった。」）という出来事である。この表現は以下の創造物語において繰り返される（創一6、9、11、14、15、20、24、26、29）。詩編三三篇はそれを「主の言葉によって（biḏḇar yhwh）」と要約する。次行では、「主の口の息によって（ûḇᵉrûaḥ pîw）」と併記（並行法）することで、言葉による創造の業のリアルさをいっそう強めている（風［rûaḥ］が神の業の執行するという描写は詩編の随所に見られる［一八15、一〇四3、29、一〇七25、一三五7、一四七18、一四八8］）。注目すべきは、天地創造の業に現れた神の主権性、殊に創造を成し遂げた神の言葉という概念が9節では一般化され、救済の業を主題とする文脈に置かれている点である。9節前半の「主が語ると、そのように成り（hûʾ ʾāmar wayyehî）」とは、創世記一章3節の、言葉による創造を彷彿とさせる。後半の「主が命じると、そのように立った（hûʾ-ṣiwwâ wayyaʿᵃmōḏ）」とはその並行法的展開であり、神の言葉に応じて被造物が立ち上がる様を描き出す（その影響を受けたと思われるテクストは以下の通り。アブ黙二二2、シリア・バルク一四17、四八2、シラ三九17）。それは10―11節に受け継がれて行く。国々の謀は破られ、諸の民の計画は挫かれるのに対し、神の謀だけが永久に立ち（taʿᵃmōḏ）、その計画は代々に至ると物語っている。ここに創造論と救済論との接近が見て取れる。

創造論　主が語ると　⬇　成る（wayyōʾmer… wayhî）

⇦　（継承）

一般化　主が語ると　⬇　成る（hûʾ ʾāmar wayyehî）

⇦（展開）

主が命ずる　⬇　立つ（hûʾ-ṣiwwâ wayyaʿămōḏ）

⇦（継承）

救済論　主が図ること　⬇　立つ（taʿămōḏ）

次に、イザヤ書の例を取り上げる。

あなたの贖い主
あなたを母の胎にいる時から形づくられた方
主はこう言われる。

私は主、万物を造った者。
独りで（lᵉḇaddî）天を広げ
自ら（ʾittî）、地を踏み広げた者。
ト占者のしるしを破り
占い師を愚か者とし、
知恵ある者を退け、その知識を愚かなものとする。
僕の言葉を成就させ
使者の計画を実現させる。
エルサレムについては、『人が住むようになる』（hāʾōmēr lîrûšālaim tûšāḇ）と
ユダのそれぞれの町については、『再建され（tibbānenâ）、
その廃墟を私は復興させる』と私は言う。
深淵に向かっては、『干上がれ（ḥᵒrāḇî）。私はあなたのもろもろの川を涸らす』と言う。
また、キュロスについて、『彼はわたしの牧者
私の望みをすべて実現する』と言い

エルサレムについて、『それは再建され（tibbānê）。神殿は基が据えられる（tiwwāsēḏ）』と言う。（イザ四四24―28）

イザヤ書では、人の手で木片や金属塊を加工して作られた偶像神（四〇19―20、四一7、四二17、四四9―20、四五16）と天地万物を創造した神が対照されつつ（四〇12、26、28、四四2、四五7、12、18、四八13）、イスラエルを贖う神の絶大なる主権性（sovereignty）が論じられて行く。イスラエルに呼び掛ける神は、「（私は）独りで（lᵉḇaddî）天を広げ、自ら（ʾittî）、地を踏み広げた者」（四四24後半）であり、創造の業そのものが神の唯一性を証言（もしくは根拠）する。注目すべきは、26―28節において、エルサレム再建（もしくは、再創造）のヴィジョンが、創世記一章3節の定型表現（神が言った、「―なれ」。すると成った。）に似せて語られている点である。ただ独りで天地に命じて自らの望みと計画を実現した神は（四四24）、エルサレムに、ユダの町々に呼び掛け、深淵に命じ（四四26）、またキュロスに命じて（四四28）救済の業を実現する。ここに、創世記一章の創造物語解釈に基づく救済論の展開例を見ることができる。

光を造り（yôṣēr）、闇を創造し（ûḇôrēʾ）、
平和を造り（ʿōśê）、災いを創造する者（ûḇôrēʾ）。
私は主、これらすべてを造る者である。
天よ、上から水を滴らせよ。
雲よ、義を降らせよ（yizzᵉlû-ṣeḏeq）。
地よ、開いて、救いを実らせよ（wᵉyip̄rû-yešaʿ）。
正義を共に芽生えさせよ（ûṣᵉḏāqâ taṣmîaḥ）。
私は主、私がこれを創造した（bᵉrāʾṯîw）。（イザ四五7―8）

神は天地創造のモチーフを用いて（イザ四五7―8）、イスラエルをバビロンから解放するキュロスに対し、ご自分が唯一の神であることを明かされる（イザ四五5―6）。これも、救済論が創造論に基づいて展開する例である。光を造られた神は平和を造る神であり、闇を創造された神は災いをも創造する（四五7）。かつて大空に命じ（創一7）、天の

下の水に命じ（創一9）、地に（創一11）、そして水に（創一20）命じた神は、雲に「義を降らせること」、天地に「救いを実らせること、正義を芽生えさせること」（イザ四五8）を命じられる。

ヤコブよ、聞け。
私が呼び出したイスラエルよ。
私がそれだ。
私は初め（riʾšôn）であり、また終わり（ʾaḥarôn）である。
私の手は地の基を据え
私の右の手は天を押し広げた。
私が呼びかける（qōrēʾ）と、それらは共に立ち上がる（yaʿamḏû）。
……
語ったのは（dibbartî）この私であり
彼を呼び出したのも（qᵉrāʾṯîw）私である。

私は彼を連れてきて（h^{a}ḇîʾōṯîw）、その道を成し遂げさせる。（イザ四八12—13、15）

イスラエルに呼びかける神は、ご自分が「初め（riʾšôn）であり、また終わり（ʾaḥ^{a}rôn）である」（四四12）ことを宣言し、天地創造の業に言及した後に（四八13）、やがて訪れる救済について予告する（四四15）。12節の「初め」と「終わり」が、それぞれ天地創造の業（過去）と、救済の日の訪れと対応しているのだとすれば、この場合の「終わり」が意味するのは、発話時の「将来（つまり、「やがて」）」ということになろう。四八章13節の、「私（神）が（地と天に）呼びかけると（qōrēʾ）、それらは共に立ち上がる（yaʿamdû）」とは、創世記一章3節から発展したもので、詩編三三篇9節をはじめ、第二神殿期ユダヤ教文書にも受け継がれている（アブ黙二二2、シリア・バルク一四17、四八2、シラ三九17）。イザヤ書四八章15節は、この表現を用いて、神が呼び掛けて（qōrēʾ）地と天が立ち上がり（yaʿamdû）、創造の業を実現させたように、いまや神は救世主に呼び掛けて（q^{e}rāʾṯîw）、イスラエルの救済を成功させる（w^{e}hiṣlîaḥ）と主張しているのである。

以上のように、創世記一章の天地創造物語が、神の本質（divine identity）を確認するプルーフ・テクストとして、知恵文学や預言文学に言及され、それぞれの文脈において解釈されてきたことが分かる。天地万物の創造主である神こそ唯一の神であり、全てを統治する絶対的主権者であるという主張が創造論に基づいて論じられてきた。詩編三三篇6－11節に見られる創世記の創造物語の要約（もしくは解釈）は、イザヤ書にも継承され、救済論の一つの概念枠として用いられてきた。創造の業をご自分の言葉（命令、宣言、召喚）によって、瞬時、かつ確実に実現して来た神への信仰が、救済の業をも瞬時、かつ確実に実現するという期待に展じてきたのである。

二　第二神殿期ユダヤ教黙示文学と創造物語解釈

ユダヤ教黙示文学にも創世記の天地創造物語に言及例が見られる。その形式には、創造物語を再話（retelling）するものや、創造物語の一部に焦点を合わせて叙述するもの（descriptive accounts）がある（Endo, *Creation and Christology*, 7-9）。再話が説話形式を取るもの（narrative accounts）が殆どだが（ヨベル二1―16、スラブ・エノク二三―二四章、エズラ・ラ六38―54、シビュラ一5―35、三8―25、断片3、古誌一27―36、戦い書一〇8―18）、なかには詩文の形を取るものもある（感謝詩［1QH[a]］九7―20、外典詩［4Q381］断片一1―12）。また、再話が創世記一章の筋（plot）に沿って展開するものもあれば（ヨベル二1―16、スラブ・エノク二三―二四章、エズラ・ラ六38―54、シビュラ一5―35、三8―25、断片3、古誌一27―36、外典詩［4Q381］断片一1―12）、独自の観点により筋を再構成するもの（戦い書一〇8―18、感謝詩［1QH[a]］九7―20）もある。

1　再話（retelling）

再話の代表例の一つはヨセフスによるユダヤ古代誌の序章である。ヨセフスはモーセによるイスラエルの歴史物語を創造物語から始める（古誌一27―36）。筋書は略、創世記一章1節から二章3節の順序に従っている。再話の目的は、アダムの背信（古誌一46）が人類史に悲惨な状況（一49）をもたらしたように、律法への不従順はイスラエルの民を永遠のいのちから遠ざけるという教訓を導き出すためである（古誌一14）。死海文書の感謝の詩篇（1QH^{a}）はユダヤ教の知恵文学の伝統を引き継ぎ、神の全知（知恵による完全な計画）と全能を讃える賛歌だが、コラム九では創造物語が天の領域（感謝詩九10―13）と地の領域（感謝詩九13―15）に分けて再話され、天に揺るぎなき法（天体と気象現象を司る）があるように、地（人類の歴史）にも神の定め（報いと苦難［九15―19］）があると論じられる。外典詩編（4Q381）においても、神の偉大さと神の業の神秘性が讃えられる賛歌のなかで、創造物語が再話される。概ね創世記一章の説話順に従うが、光と天体⬇植物⬇人間⬇獣と地を這うものの順に叙述される（断片一1―12）。賛歌においては、神の偉大さが人間の愚かさと対照され、天体と気象現象への言及は神の知恵の神秘性を物語る（断片一3―5）。創造の業を実現した神の言葉への言及も見られる。

不思議な御業は、なんと力［強い］ことか。

（余白）彼は、誓いによって（bywmy を ymy と取る訳。ymyn と取るなら「右」、yôm と取るなら「その日」「風」「息」の可能性あり［以下の辞書による。E. Cook, *Dictionary of Qumran Armaic*］）天と地とを造った。そして彼の口の言葉によって［……］

（外詩　断片一3—5［死海文書翻訳委員会訳『死海文書Ⅷ　詩編』一七三頁］）

戦いの書（1QM）では、戦いに先立ち祭司によって捧げられる祈り（戦い書一〇1—一二18）の冒頭に創造物語の再話が置かれている。再話は創世記一章を殆ど網羅するも（第二日と第四日を除く）、創造の業が三つのカテゴリーに分けて語られる（天の領域［一〇11—12］、地の領域［一〇12—14］、区分［言語、民族、時間（一〇14—15）］）。創造の業に見られた区分の法（光と闇、昼と夜：cf. 詩一〇四8—23）は、イスラエルの選び（一三9：cf. シラ三三7—12）とアイデンティティ理解、更には終末の時の理解へと展開する。イスラエルは「光の籤」（一1、3、9、11、13、14）に、異邦人とキティームとその同盟国は「闇の籤」(一1、16、一三16、一四17、一六11)に振り分けられており、光の籤が闇の籤に勝利する終末の時も定まっていると論じられる(一一11、一三10、14)。

以下に扱うテクスト(ヨベル二1—16、スラブ・エノク二四—三三、エズラ・ラ六38—54、シビュラ一5—35、三8—25)は、創造論と終末論の接近がより顕著な例である。ヨベル書は創世記一章から出エジプト記一四章までの再話であり、ヨベル書二章1—16節が創造物語部となっている。再話は創世記の説話順に依拠しつつも、独自に被造物(第一日目に水と霊[天使]、第三日目に、海、川、池、滴、エデンの園)を加え、第一日目に七つの創造、一週間で二二種の創造物を数えることで、アダムからヤコブまでの二二人と対応させている。七という数字に拘るのは、最初の法である安息日律法(創二1)の神聖さを強調し、イスラエルの民がその法を守る唯一の民として聖別されたこと(永遠の区分)の意義を示すためである。同時に、厳格な法と計画に基づいて歴史を支配する神は、時期を違えることなくイスラエルを救済される(神殿再建、エルサレムの聖化、神顕現、新しい光の創造)という希望を示すためでもある(ヨベル一19)。

スラブ語エノク書二四―三三章における創造物語の再話部では、義人エノクに示された奥義（創造の神秘と終末預言）が物語られる。再話には創世記にないもの（神の玉座［二五4］、天使［二九3］、パラダイス［三〇1］）も含まれるが、概ね創世記の説話順に従っている。ヘレニズムの影響を受けつつも（創造の業に参与するアドイル、アルハズの存在）、神の言葉（命令、宣言）による創造というヘブライ語聖書および第二神殿期ユダヤ教に共通する創造物語由来の概念枠が継承されている（二五1、二六1、3、二七1、2、二八1、三〇1、2、7、8）。

次にわたしは玉座から立ち上がり眺めた。そして次には深淵のなかで呼びかけ、言った。「見えないもののうちから固きものが生じて見えるようになるように」。するとアルハズが出てきた。固く、重く、いと黒きものである。わたしはそれをよしと見て、言った。「汝は下へ降りて、確固としたものとなり、下のものの基いとなれ」。（スラブ・エノク二五1―3［『聖書外典偽典3　旧約偽典Ⅰ』二二九頁では、第一一章］）

「神が命じ、それが成った」という語りは、二五章5節から二六章3節まで続く。三三章4節では、神の唯一性を論ずる根拠として創造の業に参与した神の知恵と言葉への言及がなされる。

いまやエノクよ、わたしがおまえに語ったことすべて、おまえが天で見たことと地で見たことすべて、およびおまえが本のなかに書いたことすべては、わたしが英知によって、そのすべてを造り出そうと工夫したことである。下の基盤から上のそれとその端までわたしが創造したのであって、助言者も後継者もいない。手の業によらない永遠のわたし自身であって、わたしの不易の考え（スラブ語 môdrostĭ）が助言者で、わたしのことばが行為である。」（スラブ・エノク三三3―5［『聖書外典偽典3 旧約偽典I』二二九―二三〇頁では、第一一章］）

神は、創造の業には「助言者も後継者もいない」と主張した後に、「わたしの不易の考えが助言者で、わたしのことばが行為である」と宣言する。『聖書外典偽典3』では、「不易の考え」と訳したところ、Sokolov のスラブ語テクスト（Sokolov, M. I. *Slavysnkaya kniga Enoha Pravednage Tekst latiniskij perevod i izsledovanie*）では、môdrostĭ となっているため、「わたしの知恵」と訳したい。また、「私の行為」と訳された dĕlo を「行為者」と訳すことも可能である。即ち、神の知恵と神の言葉が天地創造の業を担ったという解釈となる。ユダヤ教の知恵文学の伝統において、知恵は神の属性の一つであり、神の意思もしくは事前の計画全般を請け負う（箴八22―30、スラブ・バルク三三3―4、四八4［J］、エズラ・ラ六6、シリア・バルク二一8―12、四八3―9、五四1、アブ黙二二2、会衆三―四、シラ四二23―25、感謝詩九7、14、19）。スラブ語エノク書は、知恵の伝統に立ちつつ「わたし（神）の知恵（môdrostĭ）が助言者」であるとし、その一方で創造物語解釈の伝統に従い、「わたしの言葉（spvo）が行為者（dĕlo［または行為］）である」（三三4（J［長い版］、A［短い版］））と述べることで、神の唯一性を証言する。

エズラ書第四は、当時の社会が抱いていた救いの遅延に対する問い（三28―36、五28―30、六55―59）を共有しつつ、神が定めた救済計画（終末の出来事［五1―14］➡心の清め［六26―27］➡メシアの訪れと最後の審判［九38―一〇59］➡ローマ帝国の滅亡

［一一1―一二35］➡人の子による裁き［一三1―53］）の揺るぎなさを論じている。第三部（エズラ・ラは七部構成）の序に置かれた創造物語の再話（六38―54）は、創造のわざの「分離」の性質に着目し（上と下の水の分離［六41］、水と陸の分離［六42］、ベヘモトとレビヤタンの分離［六49］、アダムと他の被造物との分離［六53］）、イスラエルの選び（六54―55）が聖定に基づくものであることを示す。創造物語の再話は、神の言葉に対する伝統的理解を採用することで（六38、43）、救いの遅延の問題に応える。

私は言った。「おお主よ、あなたは創造を始めるにあたり、第一日目に御言葉を発して『天地あれ』と言われました。するとあなたの御言葉がその業を成就しました。当時（神の）霊が（地上を）ただよい、闇と沈黙があたりにたちこめ、人の声はまだあなたの作りたもうところではありませんでした。そこであなたは御業が見えるようになるため、一条の光を御倉から取り出すよう命じられました。……そこであなたの御言葉が出て行くと、その業は直ちに成就しました。」（エズラ・ラ六38―43［『聖書外典偽典5　旧約偽典Ⅲ』一八一―一八二頁］）

彼は言った。「永遠に在す主よ、あなたの御目は高処にあり、あなたのすみかは空にあります。主の玉座は計り難く、栄光は理解を超え、主の御許には天使達の軍勢がおののきながら立ち、彼らは主の命令に従って風や火に変えられます。主の御言葉は必ず成就し、主の言われたことは堅く立つのです。主の命令は強く、その定めは恐るべきもの、主の御顔は淵を乾かし、怒りは山を溶かし、主の真理は永遠に立つのです。（エズラ・ラ八20―23『聖書外典偽典5　旧約偽典Ⅲ』一九四頁）

創造の業を、確実かつ瞬時に実現した神の言葉（絶対的命令）への信頼は、イスラエルの救いの実現への期待とも繋がって行く。

シビュラの託宣の第一―二巻は世界史を一〇の段階に分け（但し、第八と第九が欠落）、世界の始まりから人類滅亡へと向かう歴史の流れを解説する。天地創造物語の再話（一5―35）はその序文の役割を果たす。創造の順序は創世記に準拠しつつ、再話は簡潔に纏められている。終末に向かう流れは以下の通りである。人類は神の戒めを無視し、死の運命を引き受け（一40―46、50―55、73―86）、ノアの時代は水で裁かれたが、終末においては火によって裁かれると警告する（二196―214）。救いはこの世ではなく、「天の都（πόλις οὐράνιος）」にある（二40、150）。最初の人（アダム）は神の法に従わず死ぬべき運命を引き受けたが、終わりの時に、神は法に従って不滅を回復する救済の道を開かれる。再話の最初（一5―8）と最後（一19―21）に、天地創造の業を担った神の言葉（命令、宣言）への言及がなされ、神の唯一性と神のわざの迅速さが強調されている。

はじめに神は私にこの世界がどのように成ったのかを語るよう命じた。しかし、よこしまで死ぬべき者よ、あなたがたが私の戒めを無視することのなきよう、至高者について熱心に語ろう。その方は、全世界を創造し、「それが在れ」と命じるとそれが成った方である。（シビュラ一5―8［私訳］）

神ご自身が言葉によってこれらを創造し、すべてが存在した。速やかに、真実に。何故なら、神は自ら存在し、天から見下ろされる。神の下でこの世は形づくられた。
（シビュラ一19—21［私訳］）

第三巻の冒頭にも、簡略化された創造物語の再話が置かれている（三8—25）。「不死なる創造者（ἀθανάτου κτίστου）」（三10）にして「唯一の神（εἷς θεός）」、「唯一の支配者（μόναρχος ἀθέσφατος）、自ら生まれ（αὐτοφυὴς）、目に見えず（ἀόρατος）、全てを見渡す方（ὁρώμενος αὐτὸς ἅπαντα）」（三11—12）、「いま在り、かつて在り、再び後に（在る）者（ὄντα τε καὶ πρὶν ἐόντα, ἀτὰρ πάλι καὶ μετέπειτα）」（三16）としての神的アイデンティティが、偶像の神と対照されつつ、創造物語の再話により根拠付けられる。再話が語られるもう一つの理由は、その偉大な神を礼拝せず、畏れず、偶像礼拝に加担する輩に対する神の裁きの正当性を示すこと（三29—35）にある。裁きを行う神（終末の神）のアイデンティティが、「天地を創造された、不死なる救い主（ἀθανάτου σωτῆρος, ὃς οὐρανὸν ἔκτισε καὶ γῆν）」（三35）（創造神）と重ねられている。

2　叙述的解説（descriptive accounts）

天地創造への言及の形式に関して、ある出来事に焦点を当てた解説で、再話形式より短く、かつ自由な解釈が伴うものを「叙述的解説（descriptive accounts）」と呼び、「再話（retelling）」と区別して扱う（M. Endo, *Creation and Christology*, p.57）。第二神殿期ユダヤ教文書においてこの範疇に入るテクストは以下の通りである（エチ・エノク六九16—25、スラブ・エノク四七—四八、六五—六六、エズラ・ラ三4—5、六1—6、シリア・バルク一四15—19、二一4—8、四八、2—10、五四1—3、13、アブ黙二一1—二二2、偽フィロン一五5—6、ヨセ・アセ八10—11、一二1—2、ベン・シラ一六24—一七14、三九12—35、四二15—四三33、会衆（1QS）三13—四1、神業（4Q392）1—9、創出パラ（4Q422）断片一1—13、光体（4Q504）断片 recto 八4—10、詩・外（11QPsa）二六9—16。

エチオピア語エノク書の「譬えの書（三七—七一章）」の後半部に創造物語への言及が

ある（六九16―25）。最初に、天、地、海、深淵の創造が物語られた後に、天体、気象、山と川の創造が取り上げられ、宇宙の法則に関する言及が続いている（ヨブ三八―四一章の影響と思われる）。エノクが創造物語に言及する目的は、創造のはじめから終末に至るまで神の言葉（誓い）によって保たれる神的秩序を示すことにある（六九16―25）。

これがその誓いの秘密である。彼らはその誓いによって強められ、天は世界が創られる以前から永遠に懸けられた。それによって地の土台が水の上にすえられ、人目につかない山奥から行ける者のためのきれいな水が世界の創造のときから永久に流れ出る。この誓いによって海は創られ、彼はその土台として、怒りの時にそなえて、砂を置かれ、世界の創造のときから永久に、それを越えることはしない。この誓いによって淵はしっかりとたてられ、永遠から永遠に至るまでだためられた径をはずれることはない。この誓いによって日月はその運行を完了し、永遠から永遠に至るまで定められた径をはずれることはない。この誓いによって星はその運行を完了し、彼がその名を呼ばれると永遠から永遠に至るまで答える。」（エチ・エノク六九16―21『聖書外

「誓いによって（エチオピア語 bămăḥlā）」という表現が繰り返される。Fossum は創造の業を担った誓いの概念の出所を創世記一章3節の「あれ（yᵉhî）」とし（J. E. Fossum, *The Name of God and the Angel of the Lord*, 78）、McDonough は神名（yhwh）と関連付ける（S. McDonough, 'The One who is and who was and whois to come,' 110–112）。フィロンによれば、誓いは、神が告げたことは必ず実現するという、神の偉大な御力の証拠である（律・寓三204）。いずれにせよ創造の業を実現した神の言葉を背景としていると言える。

エズラ書第四では、第一の幻（三4―五19）と第二の幻（五20―六34）に創造物語への言及がある。第一の幻では、死の運命について論ずるなかで（三7）、創世記三章の堕罪物語について言及し、アダムが神の法を犯して以来、人間の罪性は永続的となったことを指摘する（三22）。堕罪に対する神の裁きの宣告は揺るぎないもの（聖定）である故、救済はこの世では得られず、新しい世に期待するしかないという来世的終末論を展開する。

第二の幻では、「終末をもたらす者は誰か」（五56）との問いへの応答部において、創造物語解釈に基づきつつ、創造のはじめに神の計画があり、神はそれをひとりで実現したように、終末の救済計画も既に立てられており、神おひとりでそれを実現されるという期待が叙述される。ここに、創造論（創造の神―はじめ）に基づく終末論（終末の神―終わり）の展開例を見ることができる。

シリア語バルク書第三部（二一―三四章）は終末の徴に関する神の語り部だが、終末論が創造物語解釈に基づいて論じられる。それまで存在しなかったものを言葉によって呼び出し、御旨をたちどころに成し遂げた神は、終末の出来事に関しても同じようにされるという期待が述べられる（二一4―7）。

おお、地を創られたおかたよ、わたしの言うことを聞いてください。そのことばもて蒼穹を定め、霊をもて天の高みを固うされたおかた、いまだかつて存在しなかったものを世のはじめより呼び出されるとことごとくがこれに聴き従うというおかた、あごで（シリア語は bremzāk）空に指図し、未来のことを過去のことのように見通されるあなた、御前に侍る軍勢を深い思慮のもとに統べしろしめたもうあなた、ふるく炎と日もてあなたから造られ、あなたの玉座のまわりに侍るところの無数の聖なる生き物をも怒りもて統べしろしめたもうお方、ひとりそのあなたのみがおのれの意とするところをたちどころになしとげる力をおもちである。」（シリア・バルク二一4―7〔『聖書外典偽典5　旧約偽典Ⅲ』、九五頁〕）

「あごで空に指図し」と訳されているところ、シリア語ではbremzākであり（シリア語テクストはKmosko, *Epistola Baruch Filli Neriae*）、神が「サイン」を送って指示を与える様を表現している。

第五部（四七―五二章）の序に置かれたバルクの祈りは、万物を無から呼び出し、万物が従う神の言葉と完全な計画の出所である神の知恵によって現された神の主権を讃えつつ、その神的アイデンティティ（divine identity）を拠り所として、終末の確実、かつ速やかな訪れを期待する（四八11）。創造の神のみが時を支配し、終わりを喚ぶことができ（四八2）、創造のはじめを知る神のみが、終末の裁きを用意することができる（四八6―

8）。同様の主張が、第六部（五三―七八章）にあるバルクの祈りにも見られる（五四1―11）。

ベン・シラの知恵にも、創造論に基づく終末論の展開例が、以下のように散見される。神の言葉（命令）によって創造のわざが実現したように（三九17―18）、終末の裁きも（[LXX] ἐν καιρῷ συντελείας [三九28]）、神の言葉（命令）によって実現する（三九28―33）とされる。「神のわざ」を回想する章（四二15―25）の冒頭では、「主の言葉によってみわざが（成った）」（四二15）ことと、「ご自分の知恵により壮大な業が秩序立てられた」ことが、「永遠から永遠にわたって変わらぬ方。主には、付け加えるものも取り去るものもなく、いかなる助言者も必要とされない」（四二21）神の唯一性の根拠とされている。

3　総括

創世記一章の創造物語に立ち帰って、神の唯一性と主権性（神論）を確認する聖書解釈の伝統が、ヘブライ語聖書（詩三三6―11、九〇12、一一九73、一三九8、箴八22―29、イザ四〇18―26、四四24―28、四五7―8、四八12―13、エレ一〇12―13、ヨブ三八―四二章)、および第二神殿期ユダヤ教文書(エズラ・ラ六6、38―54、シリア・バルク二一6―8、四八2―10、五四1、2、3、五六4、アブ黙九9、二二4―5、ヨセ・アセ八10―12、シビュラ一巻、三巻、断片3、シラ三九16、18、31)に見られる。後者の場合、それぞれの文脈においてユニークな展開を示しつつも、創世記の創造物語解釈と、それが提供する概念枠に依拠する場合が多い。頻繁に参照が確認されるテクストは以下の通りである。

箴言八22―29(エズラ・ラ六1―6、共規3―4)
詩編三三6―11(ヨベル一二4、シビュラ一、三巻、外典詩A―B、シリア・バルク二一、四八、五四章、アブ黙九3、二二2、シラ三三、三九章、創出パラ)
詩編九〇12(スラブ・エノク六五―六六章)
詩編一一九73(エズラ・ラ三4―5)
詩編一三九2―8(スラブ・エノク六五―六六章)

イザヤ四〇18―26（シビュラ一、三巻、断3、スラブ・エノク三三12）
イザヤ四五7（神業）
エレ一〇12―13（詩・外二四11―15）。

特に本論が注目するのは、創造論に基いて思索された神のアイデンティティが、第二神殿期ユダヤ教の神論と終末論に重要な概念枠を提供してきた点である。神とそのアイデンティティが不変であるなら、創造のわざに現された神の唯一性と主権性が終末の世において減じたり、変ずるはずがない。神論は、さらに創造と終末とのタイポロジカルな思索へと展開してゆく。ご自分の知恵によって綿密な計画を立て、それを何一つ落ち度なく実現した創造の神は、終末に関しても既に綿密な計画を立てており、時が来ればそれは必ず実現するという期待へと繋がってゆく。創世記一章3節に起源を持つ「神の言葉による創造の業」という理解はヘブライ語聖書における創造物語解釈（特に詩三三6、9、イザ四八3、13、五五11）を経て、第二神殿期ユダヤ教文書に受け継がれて行く（エズラ・ラ六38、43、シリア・バルク一四17、二一4、7、四八2、8、五四1、3、五六4、シラ三九

16―18、28―31、アブ黙二二2)。ご自分の言葉(命令、宣言)により、はじめを召喚した神は、その同じ言葉によって終わりをも召喚され、言葉によって瞬時に無から有を生ぜしめた神は、時が来れば、瞬時に終末の業を実現される。創造の神(God of Creation)は、終末の神(God of Eschaton)であり、「はじめ」であり、「終わり」であるという確信が主張されることになる。

三　ヨハネの黙示録における創造と終末

1　ヨハネの黙示録における創造のモチーフ

ヨハネの黙示録には、創造論を背景とした終末論的記述が随所にみられる。例えば、神は万物の創造主として讃えられる。

私たちの主、また神よ

あなたこそ
　栄光と誉れと力を受けるにふさわしい方。
あなたは万物を造られ（σὺ ἔκτισας τὰ πάντα）
万物はあなたの御心によって存在し（διὰ τὸ θέλημά σου ἦσαν）
　また造られたからです（καὶ ἐκτίσθησαν）。（黙四11）

また、終末において義人が与る祝福（end-time blessing）は被造世界の再生（new creation）のモチーフと関連付けられる（大貫隆『終末論の系譜』における「トポス9」に相当する。一〇〇―一一一頁）。

勝利を得る者には、神の楽園にある命の木の実を食べさせよう。（黙二7）

また私は、新しい天と新しい地（οὐρανὸν καινὸν καὶ γῆν καινήν）を見た。最初の天と最初の地（ὁ γὰρ πρῶτος οὐρανὸς καὶ ἡ πρώτη γῆ）は過ぎ去り、もはや海もない。また私は、聖なる都、新しいエルサレムが、夫のために装った花嫁のように支度を整え、神のもとを出て、天から下って来るのを見た。（黙二一1―2）

天使はまた、神と小羊の玉座から流れ出て、水晶のように光り輝く命の水の川を私に見せた。川は、都の大通りの中央を流れ、その両岸には命の木があって、年に十二回実を結び、毎月実を実らせる。その木の葉は諸国の民の病を癒やす。（黙二二1―2）

すると、玉座におられる方が言われた。「見よ、私は万物を新しくする（καινὰ ποιῶ πάντα）。」（黙二一5）

命の木にあずかる権威を与えられ、門を通って都に入ることができるように、自分の衣を洗い清める者は幸いである。（黙二二14）

創造物語の再話に、楽園（パラダイス）の創造が挿入されるものがある（スラブ・エノク三〇1、エズラ・ラ六2等)。やがてそこがアダムとエヴァの住処となるのだが、堕罪後に彼らはそこから追い出されてしまう(創三23―24)。第二神殿期ユダヤ教において、楽園はその後天へと引き上げられ、義人が最後の審判まで憩う場所として理解されるようになる(レビ遺一八10―11、エチ・エノク三〇―七〇章、ヨベル四23、アブ遺一〇2、エズラ・ラ七78―101、八52、シリア・バルク五一8―10、感謝詩八、戦記二155―156)。エデンの園についての解釈の伝統は、ヨハネの黙示録における神の国のイメージの中に継承されている。

勝利を得る者に与えられる神の楽園にある命の木の実(黙二7)
神と小羊の玉座から流れ出る、水晶のように光り輝く命の水の川(黙二二1)
都の大通りの中央を流れる川の両岸に生える命の木(黙二二2)

本論では、ヘブライ語聖書および第二神殿期ユダヤ教文書において創造論を基盤として展開した神論および終末論と関わりを持つ神の呼称に注目し、ヨハネの黙示録における創造論と終末論の接近の状況を調べ、またそれが意味することについて考察する。

2　神の呼称と創造と終末

①文学構造

ヨハネの黙示録で用いられる神の呼称に二つのタイプがある。一つは「今おられ、昔おられ、やがて来られる方（ὁ ὢν καὶ ὁ ἦν καὶ ὁ ἐρχόμενος）」（Aタイプ：変化形を含め五回）と、「初めであり、終わりである方（ἡ ἀρχὴ καὶ τὸ τέλος）」（Bタイプ：変化系を含め七回）である。Aタイプが、キリストの呼称としては用いられず、専ら神にのみ用いられるのは、後述するように、それが出エジプト記の神名（ὁ ὢν［出三14、七十人訳］）に由来するからであろう。それに対してBタイプは、神とキリスト両者の「自己宣言」に用いられている。

［プロローグ］

◇神の呼称（ナレータによる言及）（一4）
Aタイプ「今おられ、昔おられ、やがて来られる方（ὁ ὢν καὶ ὁ ἦν καὶ ὁ ἐρχόμενος）」
◇神の呼称（ナレータによる言及）（一8）
Aタイプ「今おられ、昔おられ、やがて来られる方、全能者（ὁ ὢν καὶ ὁ ἦν καὶ ὁ ἐρχόμενος, ὁ παντοκράτωρ）」
◇神の呼称（神の宣言）（一8）
Bタイプ「わたしはアルファであり、オメガである（Ἐγώ εἰμι τὸ ἄλφα καὶ τὸ ὦ）」

［人の子のような方の幻］
◆キリストの呼称（キリストの宣言）（一17）
Bタイプ「わたしは最初であり、最後である（ἐγώ εἰμι ὁ πρῶτος καὶ ὁ ἔσχατος）」

［天上の賛美］

◇神の呼称（四つの生き物による賛美）（四8）

　Aタイプ「昔おられ、今おられ、やがて来られる方（ὁ ἦν καὶ ὁ ὢν καὶ ὁ ἐρχόμενος）」

◇神の呼称（二十四人の長老たちによる賛美）（一一17）

　Aタイプ「全能の神、今おられ、昔おられた方（ὁ θεὸς ὁ παντοκράτωρ, ὁ ὢν καὶ ὁ ἦν）」

◇神の呼称（水を司る天使による賛美）（一六5）

　Aタイプ「今おられ、昔おられた、聖なる方（ὁ ὢν καὶ ὁ ἦν, ὁ ὅσιος）」

［エピローグ］

◇神の呼称（宣言）⬇　ヨハネ：新天新地の幻（二一6）

　Bタイプ「わたしはアルファであり、オメガである（ἐγώ [εἰμι] τὸ ἄλφα καὶ τὸ

ὦ）」

Bタイプ「初めであり、終わりである（ἡ ἀρχὴ καὶ τὸ τέλος）」

◆キリストの呼称（宣言）⬇ ヨハネ：エピローグ（二二13）

Bタイプ「わたしはアルファであり、オメガである（ἐγὼ τὸ ἄλφα καὶ τὸ ὦ）」

Bタイプ「最初であり、最後である（ὁ πρῶτος καὶ ὁ ἔσχατος）」

Bタイプ「初めであり、終わりである（ἡ ἀρχὴ καὶ τὸ τέλος）」

黙示録の説話の流れには、最初に神、続いてキリストに焦点が向けられて行く構造が見られる。プロローグにおいて最初に言及されるのは神であり（一4、8）、その後、人の子のような方が幻を通してヨハネの前に立ち現れる（一17）。四章から始まる天の礼拝の幻においても、天的存在によって捧げられる神礼拝に続いて、屠られたような姿で立つ子羊が登場し（五6）、その方への礼拝が捧げられた後に（五9—10、12）、全被造物により捧げられる神と小羊の両者に捧げられる賛美によって礼拝が閉じられる（五13—14）。六章から描かれる幻において、専ら捧げられるのは神への賛美だが（一一17、一六5、二一

6）、最後部に再びキリストが登場し、彼の自己宣言によって黙示録が閉じられる（二二13）。「アルファでありオメガ、初めであり終わりである方」の呼称で示される神のアイデンティティに（二一6）、キリストが参与する（二二13）ことを示唆する構造となっている。

◇神の呼称（二一6）
Bタイプ「わたしはアルファであり、オメガである（ἐγώ [εἰμι] τὸ ἄλφα καὶ τὸ ὦ）」
Bタイプ「初めであり、終わりである（ἡ ἀρχὴ καὶ τὸ τέλος）」
⇩
◆キリストの呼称（二二13）
Bタイプ「わたしはアルファであり、オメガである（ἐγὼ τὸ ἄλφα καὶ τὸ ὦ）」
Bタイプ「最初であり、最後である（ὁ πρῶτος καὶ ὁ ἔσχατος）」
Bタイプ「初めであり、終わりである（ἡ ἀρχὴ καὶ τὸ τέλος）」

「今おられ、昔おられ、やがて来られる方（ὁ ὢν καὶ ὁ ἦν καὶ ὁ ἐρχόμενος）」として表現されてきた神の呼称が、後半では「やがて来られる方」の部分が省略され、「今おられ、昔おられた方（ὁ ὢν καὶ ὁ ἦν）」（一一17、一六5）と表現されるのは、「神が、やがて来られる」という終末が、キリストの訪れ（黙二二12、17、20）によって実現すると理解されているからであろう。

②Aタイプの呼称について：「今おられ、昔おられ、やがて来られる方」

「今おられ、昔おられ、やがて来られる方（ὁ ὢν καὶ ὁ ἦν καὶ ὁ ἐρχόμενος）」という神の呼称の出所は、出エジプトにおける神の自己顕現にあると思われる。

「わたしはある（ʾehyê [LXX] ὁ ὢν）。」（出三14）

その執筆年代は後代に位置づけられるとしても、アラム語訳聖書（偽ヨナ・出三14）が当該箇所を「わたしは昔在り、またやがて在る者（ʾnʾ hwʾ ḏhwynʾ wʿtyḏ lmyhwy）」と意訳したことは、Aタイプの神の呼称との関連性を示唆している。また、申命記三二章1節からはじまるモーセの説教の結語部に神の語り部において（申三二37—42）、神が「私、私こそそれである（ʾănî ʾănî hûʾ［七十人訳ではἐγώ εἰμι］）申三二39）」と宣言するところを、「わたしは今在り、昔在り、やがて在る者（ʾnʾ hwʾ ḏhwwy whwyṯ wʾnʾ hwʾ ḏʿtyḏ lmhwy）」（偽ヨナ・申三二39）と意訳している。シビュラの託宣第三巻の創造物語の再話部（シビュラ三8—25）においては、創造主が偶像神（シビュラ三13—14）と対照され、その唯一性を主張する文脈において、神が「今あり、昔あり、やがてある者（ὄντα τε καὶ πρὶν ἐόντα, ἀτὰρ πάλι καὶ μετέπειτα）」（シビュラ三16）と表現されている。

ヘレニズム世界の至上神の呼称に「ゼウスは昔あり、ゼウスはやがてある、おお力あるゼウス」（Pausanias x. 12.10）という類似表現があることから、当該テクストがAタイプの神の呼称の出所とされてきた（D. Aune, *Prophecy in Early Christianity and the Ancient Mediterranean World* [Grand Rapids: Eerdmans, 1983], 280–1）。その影響史を追うことも重要だが、著者が注目するのは、出エジプト記三章14節に表された「私は

（今）ある（'ehyê）」という神のアイデンティティが、「昔おられた方」と後方へと、さらには「やがて来る方」と前方へと展開された点である。別の言い方をするなら、「わたしはある（'ehyê）」という、極めてシンプルな表現に内在した神の根源性と永遠性が、終末を意識する文脈において意識化され、言語化されて行ったということである。黙示録において、「今おられ、昔おられ、やがて来られる方」というAタイプの表現が専ら全能者への賛美のことばに用いられることを既に確認した。黙示録の後半において「やがて来られる方」の部分が省略されたのは（一一17、一六5）、終末における神の訪れ（「やがて来られる方［ὁ ἐρχόμενος］」）への期待が、創造主であり唯一なる神のアイデンティティに参与するキリスト（二二13）の訪れへの期待へと集約されたからであろう。そのように、「わたしはある（'ehyê［LXX］ὁ ὤν）。」（出三14）という神の呼称が、中心軸を保ちつつも、それぞれの文脈において新たな展開を示してきたと考えられる。

③Bタイプの呼称について：「最初であり最後の者、アルファでありオメガ、初めであり終わりの者」

Bタイプの神の呼称の出所はイザヤ書と考えられる。

「私が初めであり、また終わりと共にある。それが私だ。」(イザ四一4)

ʾᵃnî yhwh riʾšôn wᵉʾeṯ-ʾaḥᵃrōnîm ʾᵃnî-hûʾ(マソラ)

ἐγὼ θεὸς πρῶτος, καὶ εἰς τὰ ἐπερχόμενα ἐγώ εἰμι(七十人訳)

「私は初めであり、終わりである。」(イザ四四6)

ʾᵃnî riʾšôn waʾᵃnî ʾaḥᵃrôn(マソラ)

Εγὼ πρῶτος καὶ ἐγὼ μετὰ ταῦτα(七十人訳)

「私がそれだ。私は初めであり、また終わりである。」(イザ四八12)

ʾᵃnî-hûʾ ʾᵃnî riʾšôn ʾap̱ ʾᵃnî ʾahᵃrôn(マソラ)

ἐγώ εἰμι πρῶτος, καὶ ἐγώ εἰμι εἰς τὸν αἰῶνα(七十人訳)

Bタイプの神の呼称がイザヤ書に三度出てくる。イザヤ書四一章4節では、「誰がこれを行い、実行したのか。それは初めから（mērōʾš）代々の人々に呼びかけた者」とあるように、文脈における「初め」と「終わり」の意味することは、神が実現された救済のわざの前と後であり、過去と未来を支配する神のアイデンティティの表明と考えられる。二例目（四四6）では、神の自己宣言の直後に、「誰が私と同じように宣言し、これを告知し、私に並べ立てるだろうか。私がとこしえの民を起こしたときから、起ころうとすること、来るべきことまで彼らに告知させよ」（四四7）とあり、神の選び（過去）と救済の予告（将来）が、「初め」と「終わり」を意味している。四八章12節の文脈においても、「先にあったことを私は昔から告げてきた。それは私の口から出て、それを聞かせた。突然私は実行に移し、それは実現した」（四八3）とあり、歴史を支配する神は、予め預言者を通して語り、確実にそれを実行する神のアイデンティティの表明としてBタイプの呼称が用いられてきたことが分かる。ヨハネの黙示録がイザヤ書からBタイプの神の呼称を引用するとき、「終わり」を終末の出来事として理解したことは頷けるし、終末論を創造論に立って思索する第二神殿期ユダヤ教黙示文学の伝統に立つなら、その「はじめ」を天地創造のはじめへと拡張して理解したことは想像に難くない。

3　終末のことばとキリスト

「ヨハネの黙示録」という名称で親しまれてきた書は、自らを「イエス・キリストの黙示（Ἀποκάλυψις Ἰησοῦ Χριστοῦ）」と称する。写本によっては表題に「ヨハネ」の名を冠するものもある（1006、1841、2329、2351、M、046、1611、2050）。シナイ写本（紀元後四世紀頃）では、本文からだいぶ離れた欄外に小さな文字で「ヨハネの黙示（Ἀποκάλυψις Ἰωάννου）」と付されていることからも、写本が著者を使徒ヨハネとする伝承とともに伝えられたことを示唆している。しかし、本文の「イエス・キリストの黙示（Ἀποκάλυψις Ἰησοῦ Χριστοῦ）」という語り出し、および「ヨハネの黙示録」という後代の名称記載は、ヨハネが啓示者であることを主張しているのではなく、キリストによる啓示をヨハネが受けて伝えていることを意味している。属格名詞（「イエス・キリストの（Ἰησοῦ Χριστοῦ）」）は、修飾する先行詞（「黙示（Ἀποκάλυψις）」に対して、文法上、主語（主語属格［subjective genitive］）または目的語（目的属格［objective genitive］）」、さらにはその両方（完全属格［plenary genitive（Wallace, *Greek Grammar beyond the Basics*, 119）］）である可能性が考えられる。G. Beale（*The Book of Revelation*, 183）やResseguie（*Revelation of John*, 62）は当該箇所を完全属格と取る。しかし、五章以降に展開する七つの封印の幻において、キリスト自身を啓示することより（目的格属格）、封じられて誰も開くことができない巻物を解き（黙五1―5）、神から託された啓示を天使を介してヨハネに知らせることがキリストの役割なのだから、ここでは主語属格と取るのが相応しい。つまり、ヨハネの黙示録そのものが、終末に関するキリストの言葉である（遠藤、「黙示録における啓示の形態」三一―四五）。

ヨハネの黙示録の序言（一1―8）の後、ヨハネが見た「人の子のような方（＝天上のキリスト）」の口には「鋭い両刃の剣（ῥομφαία δίστομος ὀξεῖα）」（一16）が突き出していた。イザヤ書にも、神の裁きが「口」とその「息」をモチーフとして描かれる箇所がある。

「その口の杖によって地を打ち
その唇の息によって悪人を殺す」（イザ一一4）

「主は私の口を鋭利な剣のようにして、
私を御手の陰に隠し、
研いだ矢としてご自身の矢筒の中に隠された」（イザ四九2）

神の言葉が剣に喩えられる例は新約聖書にもある。

「また、救いの兜をかぶり、霊の剣（τὴν μάχαιραν τοῦ πνεύματος）、すなわち神の言葉を取りなさい。」（エフェ六17）

「神の言葉は生きていて、力があり、いかなる両刃の剣（μάχαιραν δίστομον）より鋭く、魂と霊、関節と骨髄とを切り離すまでに刺し通して、心の思いや考えを見分け

ることができます」（ヘブ四12）

ヨハネの黙示録の最初の幻に示された、裁きの執行者としてのキリスト像は、再び黙示録の終わりにも現れる。

「……すると、白い馬が現れた。それに乗っている方は『忠実』および『真実』と呼ばれ、正義をもって裁き、また戦われる。その目は燃え盛る炎のようで、頭には多くの冠を戴き、……この方の口からは、鋭い剣が出ている。諸国の民をそれで打ち倒すのである。また、自ら鉄の杖で彼らを治める…」（黙一九11―15）

「燃える炎の目」と「鋭い剣が突き出す口」の描写が、一章と一九章に描かれる人物が同一であることを示している。注目すべきは、一九章の人の子のような方が、「神の言葉（ὁ λόγος τοῦ θεοῦ）」（一九13）と呼ばれていることである。つまり、ヨハネの黙示録における天上のキリストは、神の終末の計画を啓示する言葉（Ἀποκάλυψις Ἰησοῦ Χριστοῦ）であると共に、終末の裁きを執行する行為者としての神の言葉（ὁ ἔσχατος λόγος）として描かれている。

第二神殿期ユダヤ教文書における創造物語解釈において、「神のことば」は、「神の知恵」と共に、神的アイデンティティの表明（神の唯一性）に深く関わりつつ、神の救済計画の実現を期待する上で、無から有を生じさせ、瞬時にそれを実現する神の全能性を想起するための重要な概念でもあった。特に詩編（三三篇）およびイザヤ書（四四、四五、四八章）に見られた展開は、第二神殿期ユダヤ教の終末論にも継承されていった（エズラ・ラ六6、シリア・バルク二一4―6、四八2、6―8、五四1―11）。ヨハネの黙示録は、その伝統を受け継ぎつつ、キリストを、その神のアイデンティティに参与させ、終末のわざを確実かつ迅速に実現する「終末のことば」として位置づけていると考えられる（黙二二17、20）。ヨハネによる福音書にも、キリストの神的役割を、神のことばの概念で示す箇所が見られる。

初めに言（ὁ λόγος）があった。言は神と共にあった。言は神であった。この言は、初めに神と共にあった。……言は肉となって、私たちの間に宿った。律法はモーセを通して与えられ、恵みと真理はイエス・キリスト（人となって訪れた神の言）を通して現れたからである。（ヨハ一1―17）

初めにあり、万物を生ぜしめた（ἐγένετο）創造の言葉（ὁ λόγος）は、終末の言葉として世を訪れ（ἐρχόμενον）、恵みと真理を実現した（ἐγένετο）と語るヨハネは、イエス・キリストを言葉によって示される神のアイデンティティのなかに与らせる。六章におけるイエスの語りは、神の言葉の権威について説き明かすイザヤ書五五章を下敷きにしている（Burkett, *The Son of the Man in the Gospel of John*, 131-132）。「私の食べ物とは、私をお遣わしになった方の御心を行い、その業を成し遂げることである」（ヨハ四34）とキリストが告げるとき、神の御心を成し、その業を成し遂げる「神の言葉」（イザ五五11）を念頭に置いていることが文脈から推測される（同様の表現が、ヨハ五36、六38、一七4にある）。

四　終わりに—ヨハネの黙示録の終末論

ヨハネの黙示録が想定する政治および宗教的危機の状況が、七つの教会宛の使信（二—三章）、とわざわいの幻（六—二〇章）に挿入された三つの幕間（サタンと聖徒らの戦い［一二1—一四5］、獣の王国と小羊の王国の戦い［一七1—一九5］、小羊の王国の勝利［一九6—二〇15］）から読み取れる。まず彼らが直面していたのは「苦難（θλῖψις）」と「貧しさ（πτωχεία）」であった（黙二9）。ローマ帝国の属州内に形成された当時のキリスト教会は、極めて複雑な状況に置かれていた。小アジアの諸国はアウグストゥスの治世よりローマの友好国を演じ、政治および経済的見返りを期待して皇帝礼拝を推進した。ユダヤ戦争（紀元後六六—七三年）以後、ユダヤ人への締め付けを強化したローマ帝国ではあったが、小アジアのユダヤ人共同体に対しては幾分寛容であった。ユダヤ人もアウグストゥスの頃から許されてきた宗教的特権を維持するために納税義務を果たし、地域民が行う皇帝礼拝にも寄付のかたち（決して、礼拝行為としてではなく）で支援した。ユダヤ人移民が最も恐れたのは、地域住民から反ローマ感情を疑われることだったため、ローマ皇帝に対して毅然とした態度を取るキリスト教徒を迫害することで、自分たちに向けられかねない地域住民らの批判をかわそうとした。ヨハネの黙示録二―三章に言及される「自称ユダヤ人（黙二9、三9）」とは、そのような存在であり、彼らから被る苦難（θλῖψις）は他のどの迫害よりも大きかったと考えられる（遠藤「自称ユダヤ人の像」53―69）。また、彼らの貧しさ（πτωχεία）は、皇帝礼拝や土着の宗教行事に参加することを前提として営まれた商業活動に加われないことと関係があった（黙三14、20、一三16―17、一八3）。ローマ以上に、帝国を後ろ盾にして、政治および経済的見返りを期待する地域住民と、宗教的特権を保持するために迫害を強化するユダヤ人移民の存在は、小アジアのキリスト教共同体にとって苦しみと貧しさの原因となっていたのである。

　わざわいの幻に挿入された三つの幕間に描かれるのはメシアの訪れ（クリスマス）から始まる総大な歴史絵巻である。ヨハネはヘブライ語聖書およびユダヤ教黙示文学の伝統に立って構築した象徴世界に読者を招き入れ、彼らの視野を天へ（空間的に）、また創造と終末へ（時間的に）と拡張し、現実世界を相対化するよう促す（ボウカム『ヨハネ黙示録の神学』三―二九頁)。現実の世にあって、混乱が頂点に達しているように思えたとしても、天的視野に立って見つめるなら、それは決して「善に対する悪の勝利」ではない。実を言うと、悪の根源(巨大な赤い竜、黙一二3)が天界における天使らとの戦いに敗北し、居場所を失って地上に投げ落とされたことが、そもそもの混乱の始まりである(黙一二9)。自分に残された時が少ないことを知った悪魔が、怒りに燃えて悪足掻きをはじめたのであるから(黙一二12)、寧ろ、世界の混乱は悪の敗北の始まりを意味している。

また、大バビロン(ローマ帝国)の繁栄は決して永遠に続かないことが、数世紀後に実現することになるローマ帝国の敗北を見越して予告される。ローマは、これまで政治的、経済的恩恵を期待し忖度してきた諸国にも見放され、敗北する運命にある(黙一七15―17)。国家と民衆の目を眩ませ、時に、神の民をも虜にする富の神マモンの権威もやがては廃れることになる(黙一八1―24)。

本論が注目したのは、ヘブライ語聖書および第二神殿期ユダヤ教文書における救済論(後に終末論)において重要な概念基盤となってきた創造物語解釈の伝統である。次々に直面する危機的状況にたじろぐ神の民の視野を拡張させることで、現実の諸問題を相対化させて乗り越えさせようとする宗教性がここに見て取れる。特に本論が取り上げたのは、神および救済「神の呼称」である。それは、終末を確実かつ迅速にもたらす全能なる神のアイデンティティの表明である。神は、四つの生き物（黙四8）、二十四人の長老たち（一一17）、および天使（一六5）によって「今おられ、昔おられ、やがて来られる方」として賛美される。その賛美（また礼拝）は、黙示録を朗読する者の視野を、地上から天上へ、また後方（はじめ）から前方（終わり）へと拡張させる。神は自らを「初めであり、終わりである」と宣言するとともに、創造の業を完成した神（God of Creation）である故、終末の業をも実現する神（God of Eschaton）であると読者を説得する。ヨハネは、その神のアイデンティティにキリストを参与させることで、「世の真の主権者は誰であるのか」という問いに応えるとともに、「終末のことば（ὁ ἔσχατος λόγος）」に関する神学的思索の伝統を背景にして、「神の言葉（ὁ λόγος τοῦ θεοῦ）」（黙一九11―13）なるキリストの、「確実かつ迅速な訪れ」（黙一1、二二12、20）を予告するのである。ヨハネの黙示録の終末思想が、ヘブライ語聖書およびユダヤ教黙示文学の終末論（特に、創造物語解釈に基づく神のアイデンティティの思索）に基づいて構築されている点に注目することが重要である。

本論を記している今も、三つの紛争（ウクライナ、パレスチナ、スエズ運河）が続いている。その裾野では超大国間が鬩ぎ合い、世界は益々混迷を来している。「民は民に、国は国に敵対して立ち上がる」（マコ一三8）ことが終末予兆のひとつであるなら、和解と平和への道のりは遠いと、つい悲観的にもなる。しかし、はじめ（過去）と終わり（将来）へ、またはじめであり終わりであることを本質とする方に目を凝らすことで視野を拡張し、目先の事柄に囚われず、目先の損得に流されない生き方へと神の民を励まし導くこと、それこそ終末論が担ってきた役割の一つである。ヨハネ黙示録の終末論は決して絶望論ではなく、希望の神学である。

参考文献

外国語文献

Aune, David. *Prophecy in Early Christianity and the Ancient Mediterranean World*. Grand Rapids: Eerdmans, 1983.

Aune, David. *Revelation 1–5*. Word Biblical Commentary 52A. Dallas: Word, 1997.

Aune, David. *Revelation 6–16*. Word Biblical Commentary 52B. Nashville: Word, 1998.

Aune, David. *Revelation 17–22*. Word Biblical Commentary 52A. Nashville: Word, 1998.

Bauckham, Richard. *The Climax of Prophecy: Studies on the Book of Revelation*. Edinburgh: T&T.Clark, 1993.

Bauckham, Richard. *The Jewish World Around the New Testament*. Grand Rapids: Baker Academic, 2008.

Bauckham, Richard. *Jesus and the God of Israel: God Crucified and Other Studies on the*

New Testament's Christology of Divine Identity. Grand Rapids: Eerdmans, 2008.

Beale, Gregory. *The Book of Revelation: A Commentary on the Greek Text*. Grand Rapids: Eerdmans, 1999.

Bensly Robert L. *The Missing Fragment of the Latin Translation of the Fourth Book of Ezra: Discovered and Edited with an Introduction and Notes*. Cambridge: Cambridge University Press, 1875.

Böttrich, Christfried. *Apocalypsen: Das slavishe Henochbuch*. Gütersloher Verlagshaus, 1995.

Burkett, D. *The Son of the Man in the Gospel of John*. JSNTSup 56; Sheffield: Sheffield Academic Press, 1991.

Charles, R. H. *Old Testament Pseudepigrapha*. Oxford: Clarendon Press, 1913.

Charlesworth, James H. *The Old Testament Pseudepigrapha vol, 1*. Doubleday: Yale University Press, 1983.

Charlesworth, James H. *The Old Testament Pseudepigrapha vol, 2*. Doubleday: Yale

University Press, 1985.

Cook, Edward. *Dictionary of Qumran Armaic*. Indiana: Eisenbraun, 2015.

Dillmann, Augst. *Ethiopic Grammar*. London: Williams & Norgate, 1907.

Elliger, Karl, Rudolph, William (ed. et. al.). *Biblia Hebraica Stuttgartensia*. Stuttgart: Deutsche Bibelgesellschaft, 1983.

Geffcken, Joh. *Die Oracula Sibyllina*. Leipzig: J. C. Hinrichs‑ sche Buchhandlung, 1902.

Endo, Masanobu. *Creation and Christology: A Study on the Johannine Prologue in the Light of Early Jewish Creation Accounts*. WUNT 149; Tübingen: Mohr Siebeck, 2002.

Fossum, J. E. *The Name of God and the Angel of the Lord*. WUNT 36; Tübingen: Mohr Siebeck,1985.

Kmosko, M. *Epistola Baruch Filli Neriae*. Paris: Instituti Franciti Typographi, 1907.

Knibb, Michael A. *The Ethiopic Book of Enoch: A New Edition in the Light of the Aramaic Dead Sea Fragments*. Oxford: Clarendon Press, 1978.

Lee, Pilchan. *The New Jerusalem in the Book of Revelation*. WUNT 129; Tübingen: Mohr

Siebeck, 2001

Maher, M. *Targum Pseuo-Johnathan: 1B (Aramaic Bible)*. Wilmington, Delaware: Michael Glazier, 1992.

McDonough, S. 'The One who is and who was and whois to come: Revelation 1:4 in its Hellenistic and Early Jewish Setting.' Ph. D. Thesis: University of St. Andrews, 1997.

Osborne, Grant R. *Revelation*. Baker Exegetical Commentary on the New Testament. Grand Rapids: Baker Academic, 2009.

Rahifs, Alfred (ed.), *Septuaginta*. Stuttgart: Deutsche Bibelgesellschaft, 2006.

Sokolov, M. I. *Slavysnkaya kniga Enoha Pravednage Tekst latiniskij perevod i izsledovanie*. Moscow: The Imperial Society for Russian History and Antiquities, 1910.

Wallace, Daniel B. *Greek Grammar beyond the Basics*. Grand Rapids: Zondervan, 1997.

Resseguie, James L. *Revelation of John: A Narrative Commentary*. Grand Rapids: Baker Academic, 2009

Vamderkam, James C. *The Book of Jubilees*. Louvain: Peeters, 1989.

日本語文献

遠藤勝信「黙示録における啓示の形態――黙示録の序文（一1―3）の解釈と翻訳」『論集（東京女子大学紀要）』第六七巻二号、三一―四五頁、二〇一七年。

遠藤勝信「ヨハネ黙示録一1および二二6のἀποστέλλωの用法」『新約学研究』第四六号、三三―五三頁、二〇一八年。

遠藤勝信「ヨハネ黙示録におけるわざわい（πληγή）――一〇のわざわい（出エジプト）の再話の伝統を背景に」『聖書学論集』第51号、七―二四頁、二〇二三年。

大貫隆『終末論の系譜――初期ユダヤ教からグノーシスまで』筑摩書房、二〇一九年。

長窪専三『古典ユダヤ教事典』教文館、二〇〇八年。

ボウカム、リチャード『ヨハネ黙示録の神学』飯郷友康・小河陽訳、新教出版社、二〇〇一年。

日本聖書協会編『聖書　聖書協会共同訳』日本聖書協会、二〇一八年。

日本聖書学研究所編『聖書外典偽典3　旧約偽典Ⅰ』教文館、一九七五年。

日本聖書学研究所編『聖書外典偽典4　旧約偽典Ⅱ』教文館、一九七五年。

日本聖書学研究所編『聖書外典偽典5　旧約偽典II』、教文館、一九七六年。
死海文書翻訳委員会訳『死海文書VIII　詩編』、ぷねうま社、二〇一八年。

執筆者紹介

大貫　隆（おおぬき　たかし）

1945年生まれ。東京大学大学院人文科学研究科西洋古典学専攻博士課程（当時）修了、ミュンヘン大学プロテスタント神学部修了、神学博士。東京大学名誉教授。

『世の光イエス―ヨハネ福音書のイエス・キリスト』講談社、1984年。『福音書研究と文学社会学』岩波書店、1991年。『福音書と伝記文学』岩波書店、1996年。『グノーシスの神話』岩波書店、1999年。『イエスという経験』岩波書店、2003年。『イエスの時』岩波書店、2006年。『聖書の読み方』岩波新書、2010年。『終末論の系譜』筑摩書房、2019年。『イエスの「神の国」のイメージ　ユダヤ主義キリスト教への影響史』教文館、2021年。『ヨハネ福音書解釈の根本問題―ブルトマン学派とガダマーを読む』ヨベル、2022年。『グノーシス研究拾遺―ナグ・ハマディ文書からヨナスまで』ヨベル、2023年。『原始キリスト教の「贖罪信仰」の起源と変容』ヨベル、2023年。

福嶋　揚（ふくしま　よう）

1968年生まれ。東京大学大学院人文社会系研究科博士課程修了、テュービンゲン大学福音主義神学部を経て、ハイデルベルク大学神学部にて神学博士号取得。専門は組織神学と倫理学。現在、東京大学大学院、無教会研修所、日本聖書神学校にて講師。
著書は Aus dem Tode das Leben. Eine Untersuchung zu Karl Barths Todes- und Lebensverständnis, TVZ, 2009.『カール・バルト―破局のなかの希望』ぷねうま舎、2015年。『カール・バルト―未来学としての神学』日本キリスト教団出版局、2018年、他。訳書はユルゲン・モルトマン『希望の倫理』新教出版社、2016年。ハンス・キュンク『イエス』ヘウレーカ図書出版、2024年、他。

遠藤　勝信（えんどう　まさのぶ）

1963年生まれ。ゴードン・コンウェル神学大学修士課程修了、セント・アンドリューズ大学博士課程修了、哲学博士。東京女子大学現代教養学部人文学科教授。
Creation and Christology, WUNT II/149; Mohr Siebeck, 2002.『国際関係研究の新たな発展をめざして』（共著）埼玉大学出版会、2004年。『キリストの恵みに憩う―ヨハネの福音書のメッセージ』いのちのことば社、2006年。『この人を見よ―ヨハネによる受難物語』いのちのことば社、2010年。『みことばを生きる―聖書的霊性の理解』いのちのことば社、2012年。『試練の中にある友へ―ペテロによる愛の手紙』いのちのことば社、2014年。『人生を聖書と共に―リチャード・ボウカムの世界』（共著）新教出版社、2016年。『ペテロの手紙第二に聴く』いのちのことば社、2018年。『愛の心を育む』YOBEL新書、2023年。『ヨハネの手紙に聴く』いのちのことば社、2023年。*The New Testament around the World—Exploring Key Texts from Different Contexts*, Baker Academic（共著）（2025年刊行予定）.

宗教と終末論

発行日　2024 年 10 月 25 日

編　者　上智大学
キリスト教文化研究所
所長　川中　仁

発行者　大石昌孝

発行所　有限会社　リトン

〒 101-0061　東京都千代田区神田三崎町 2-9-5-402
電話 (03) 3238-7678　FAX (03) 3238-7638

印刷所　株式会社 TOP 印刷

ISBN978-4-86376-102-5 C0016　<Printed in Japan>